Rudolphi,
Kindermärchen
illustriert
von
Herm. Vogel
H. V. 1905.
MÜNCHEN,
BRAUN u. SCHNEIDER.

Das beeindruckende und seltene Buch

Kindermärchen

von J. J. Rudolphi
und illustriert von Hermann Vogel

erscheint im Rahmen ausgewählter Literatur
als exklusive Reprint-Ausgabe in der
Historischen Bibliothek des Melchior Verlages.

Die Historische Bibliothek enthält wichtige
sowie interessante Bücher zur deutschen Geschichte
und lässt anhand dieser eindrucksvollen Zeitzeugen
bedeutende Ereignisse, Begebenheiten und Personen
aus längst vergangener Zeit wieder lebendig erscheinen.

Nachdruck der Originalausgabe von 1905
nach einem Exemplar aus Privatbesitz.

M
Reprint

Wolfenbüttel
2008
ISBN: 978-3-939791-55-3

Vorwort.

Der Dichter dieser reizenden Märchen, Johann Jakob Rutz, wurde im Jahre 1800 in Weinheim an der Bergstraße geboren. Er widmete sich dem Studium der Theologie und starb am 1. Oktober 1851 als Pfarrer in Mauer bei Heidelberg.

Die Märchen erschienen 1826 bei Sauerländer in Frankfurt a. M. unter dem Autornamen J. J. Rudolphi. Sie fanden so großen Beifall, daß von ihnen unter dem damaligen Titel „Schneeglöckchen" noch zwei weitere Auflagen in den Jahren 1835 und 1845 veranstaltet wurden.

Herr Professor O. Bütschli in Heidelberg hat die Aufmerksamkeit des Illustrators und des Verlages auf diese lang vergessenen Märchen gelenkt sowie sich der Mühe unterzogen, den Text zu revidieren und, wo es als dringend nötig schien, einiges vorsichtig zu ändern. —

Möge das Buch in seiner neuen Ausstattung sich ebenso viele Freunde in der Kinderwelt und unter den Erwachsenen erwerben, als es vor bald hundert Jahren in bescheidenem Gewande gefunden! Die originelle Phantasie, der fröhliche Humor und der menschenfreundliche, liebenswürdige Sinn, der aus diesen Märchen spricht, dürften ihnen wohl auch in dem neuen Jahrhundert eine warme Aufnahme sichern.

Inhalt.

Die ungleichen Freunde

oder

Das stolze Rehlein.

Es war einmal ein Perlhuhn, das wohnte in einem Holzstall. Am Tag ging es in einem großen Hof spazieren und Nachts schlief es in einem Nest, das es sich von Stroh und dürrem Laub in einer Ecke des Stalles gemacht hatte. Es führte so ein recht vergnügtes Leben; nur wünschte es sehr, einen Freund zu haben. Mit den Hühnern wollte es sich nicht zu vertraut machen; denn das waren gar neidische Tiere, und vor dem Hofhund fürchtete es sich. Darum blieb es allein und sang jeden Tag sein Morgenlied so schön, wie die Perlhühner singen können, und schaute dabei zu einem Loch heraus, das es sein Fenster nannte.

Eines Tags aber brachte ein fremder Mann ein junges Reh, das er im Wald seiner Mutter, dem alten Reh, weggenommen hatte. Das arme Tierchen war sehr betrübt und scheu und fürchtete sich vor allen anderen Tieren auf dem Hof. Als diese die Furcht des Rehs merkten, hatten sie eine Freude daran, es noch mehr zu ängstigen Bald lief der Haushahn mit aufgeblasenem Halse darauf zu; da sprang es mit großen Sätzen in eine andere Ecke; dort aber streckten ein Paar Gänse ihre langen Hälse dagegen aus, und als es denen entflohen war, kam es an die Hütte des Hofhunds, der mit lautem Bellen herausfuhr und es zu zerreißen drohte. So ward es ohne Aufhören auf dem Hof herumgejagt, bis es endlich die Tür' des Holzstalls fand. Da schlüpfte es schnell hinein und duckte sich in das Stroh hinter einen abgehauenen Eichbaum. Aber das Perlhuhn schlich ihm nach, setzte sich auf den Baum und sprach ihm Mut zu. „Fürchte dich nicht," sagte es zu ihm, „du kannst hier bleiben, und wir wollen Freundschaft schließen!" Darauf ging das Hühnchen hinaus auf den Hof und schalt die Hühner und Gänse und befahl ihnen, das Reh künftig in Ruh' zu lassen. Dann kam es wieder zurück in den Stall, wo die beiden Tierchen fortan in zutraulicher Freundschaft lebten.

Der Besitzer des Hofes aber hatte zwei Kinder; die gewannen das

Rehchen sehr lieb. Es hatte ein schönes zartes Fell und freundliche Augen, und wenn es im Hof mit lustigen Sätzen auf und ab sprang, so lockten sie

es zu sich und streichelten es und brachten ihm allerlei Gutes zu essen. Nach und nach gewöhnten sie es daran, daß es in's Haus lief, und so kam es jeden Morgen, wenn die Kinder frühstückten; dann gaben sie ihm Milch und Zucker und es lebte herrlich und in Freuden.

Aber das Perlhühnchen schüttelte den Kopf und dachte bei sich: „Ich fürchte, mein Freund wird wohl verwöhnt werden, wo nicht gar stolz und übermütig, wenn ihm wegen seines schönen Fells und seiner schwarzen Augen so geschmeichelt wird!“ Darum redete das Huhn mit ihm einmal des Abends, als es aus dem Hause zurückkam. „Liebes Rehchen“, sagte es zu ihm „ich freue mich, daß es dir so gut geht; du hast dich jetzt auf unserem Hof eingewöhnt und hast nichts mehr zu fürchten; denn jedermann verteidigt dich; du bist geliebt und gepriesen von allen Hausgenossen; aber hüte dich, daß du dich nicht von deinem Glück verblenden läßt! In dem Haus gibt es allerlei gefährliche Dinge, die du nicht kennst; bleib' daher lieber hier im Hof auf ebener Erde wie ich!“ Das Rehchen aber meinte, das hätte nichts zu sagen; denn es war über sein Glück schon ganz stolz geworden. „Was habe ich denn hier in dem einfältigen Hof?“ sagte es zum Perlhuhn. „Da hat man keine andere Gesellschaft als die dummen Hühner, die nichts können als Eier legen und dabei schreien; wenn man mich gern im Hause sieht, warum soll ich da nicht hingehen? Ich habe noch nichts Gefährliches d'rin gesehen!“

Das bescheidene Perlhühnchen schüttelte wieder den Kopf; denn es merkte, daß das Reh schon recht hochmütig geworden war und sich um seine Freundschaft nicht mehr viel kümmerte. Darum schwieg es still und sagte bloß: „Rehchen, denk' an mich; es wird dich noch einmal reuen!"

Aber das Reh hörte nicht auf die Stimme des klugen Perlhühnchens, sondern fing an, es zu verachten. Wenn es Morgens aufstand, so lief es gleich in's Haus zu den Kindern, stieg mit ihnen die Treppe hinauf und sah ganz

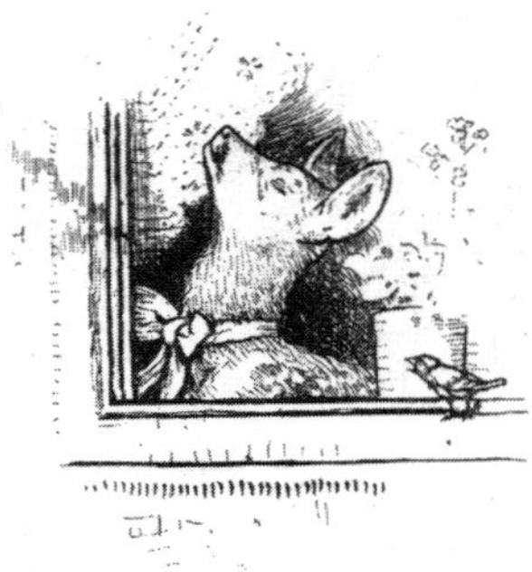

hochmütig zum Fenster hinaus; wenn es dann wieder in den Hof herabkam, um darin spazieren zu gehen, so tat es, als ob es das Perlhuhn gar nicht sähe, sondern lief an ihm vorbei und beachtete es nicht; ja, endlich wollte es nicht mehr bei ihm wohnen, sondern versteckte sich in dem Hause, wenn der alte Hausknecht die Türen zuschloß, und schlief auf einem ausgebreiteten Teppich.

Das Perlhühnchen aber betrübte sich gar sehr über die Undankbarkeit seines Freundes; doch wagte es nicht, ihm Vorwürfe zu machen. Gleichwohl konnte es nicht aufhören, ihn lieb zu haben und für sein Bestes besorgt zu sein. Darum, als es wieder einmal sah, daß das Rehchen immer mit den Kindern die hohe Treppe hinaufstieg und sich an's Fenster setzte, sagte es warnend zu ihm: „Liebes Rehchen, wenn du meinem Rat folgen willst, so steig' nicht so hoch; wer hoch steigt, der fällt auch hoch herab!" Aber das Reh lachte und sprach: „Was kümmerst du dich so um mich? Ich muß doch selbst am Besten wissen, was gefährlich ist oder nicht! Dort oben hat man eine gar schöne Aussicht und die einfältigen Hühner da unten sind dann ganz klein wie die Tauben." Das Perlhuhn sah, daß alle seine guten Ermahnungen und Worte verloren waren. „Hochmut kommt vor dem Fall!" sagte es, schwieg still und schlich sich in seinen Holzstall.

Was das Perlhühnchen vorausgesagt hatte, traf leider ein. Das Reh saß wieder einmal oben am Fenster und sah recht hochmütig auf die Tiere im Hofe herab. Da kam ein heftiger Wind, brauste durch das Haus und schlug eine Türe zu, so stark, daß das Reh voller Schrecken aufsprang. Da es aber so schnell nicht wußte, wo es hinlaufen sollte, so sprang es zum Fenster hinaus,

fiel mit dem Kopf auf einen harten Stein und blieb tot liegen. Das Perlhühnchen schrie, so laut es konnte, um Hilfe. Es kamen auch die Kinder und Hans, der Hausknecht, und schüttelten das arme Rehlein und stellten es auf die Beine; aber es fiel immer wieder tot hin. Da trug man es in den Garten und begrub es unter einem Hollunderbaum, der eben blühte. Das Perlhühnchen aber sagte: „O! Wenn du mir gefolgt hättest, so wärest du nicht gestorben!“ – und alle Jahre, wenn der Baum blühte, setzte es sich darunter und weinte über seinen unglücklichen Freund.

Es war einmal ein kleiner Junge, der hieß Wolfgang, wie auch sein Pate geheißen hatte. Weil aber seinen Spielkameraden der Name nicht gefiel, nannten sie ihn klein Wölfchen. Da er keinen Vater und keine Mutter mehr hatte, so machte er sich auf und ging in die Fremde und trug eine kleine Geige bei sich, die einzige Erbschaft von seinen Eltern; mit dieser spielte er, und wo er hinkam, war er deshalb gut aufgenommen; die Leute beherbergten ihn und gaben ihm zu essen.

Eines Tages ging er durch ein grünes Gehölz, worin die Vögel gar lustig sangen und zwitscherten. Da setzte sich klein Wölfchen hin, stimmte seine Geige und spielte, was ihm eben einfiel. Es hörten ihn aber zwei Stare, die saßen auf einem großen Eichbaum und fingen an, miteinander zu streiten, da jeder glaubte, er singe am schönsten. Denn als sie die Töne der Geige vernahmen, da meinte jeder, das sei seine Stimme. Darum stritten sie lange mit großem Geschrei gegen einander; als jedoch keiner nachgeben wollte, fielen sie übereinander her und bissen und kratzten sich. Endlich aber fiel einer vom Baum gerade neben Wölfchen; denn ein Flügel war ihm gebrochen. Da haschte klein Wölfchen nach ihm und fing den Star. Der aber schrie ganz gewaltig; doch Wölfchen ließ ihn nicht los, sondern sagte, als er sich müde geschrieen hatte: „Was schreist du denn so, du kleiner Narr, bleib' bei mir, du sollst es gut haben!"

Da gab sich der Star endlich zufrieden und blickte nach seinem lahmen Flügel; der junge Geiger aber nahm ein paar Hölzchen und legte eins über und eins unter den gebrochenen Flügel und band sie mit einer Waldbinse zusammen. Dann setzte er den Star auf seine Schulter, nahm seine kleine Geige und wanderte weiter.

Der Star war noch nie aus dem Walde herausgekommen; drum wunderte er sich sehr, als er auf das freie Feld kam, die Ährenfelder sah und die Schnitter singen hörte; denn es war gerade Erntezeit. Als sie aber bei den

Schnittern waren, stimmte klein Wölfchen seine Geige und spielte ein lustiges Stück. Da schenkten ihm die Schnitter ein großes Butterbrot. Klein Wölfchen gab dem Star auch davon und sagte: „Da, Matz, hast du auch was, das schmeckt gut!“ — „Schmeckt gut!“ rief der Star.

Da merkte klein Wölfchen, daß der Star reden konnte; doch wußte er noch nicht ganz gewiß, ob der Vogel das gesagt hatte oder ein Schnitter. Darum brach er noch ein Stückchen ab und sprach: „Da hast du noch mehr!“ „Noch mehr! Noch mehr!“ rief der Star. — „Ei, du unverschämter Gesell!“ sagte klein Wölfchen. „Wenn du alles willst, bleibt mir nichts übrig!“ Er freute sich aber, daß er jetzt mit dem Vogel reden konnte, dankte den Leuten und zog seine Straße weiter.

Er war jedoch noch nicht weit gegangen, da kam ein Mann gelaufen, der rief immer: „Meine Schafe, meine Schafe!“ — „Was fehlt euch denn?“ fragte ihn klein Wölfchen. „Wo sind denn eure Schafe?“ — „Wo sie sind? Fort sind sie, der Wolf hat sie mir zur Hälfte geholt. Da hab' ich einen kleinen Jungen gehabt, der sie mir hütete“, sagte der Mann, „aber er war so leichtsinnig und folgte mir nicht und trieb die Herde nahe an den Wald. Da kam der Wolf und holte mir die Hälfte!“

Da sprach der Star: „Nimm einen Wolf zum Schäfer, so werden dir keine mehr gefressen werden!“ — „Was sagst du?“ rief der Mann erbost. „Du willst mich im Unglück noch verspotten? Ich soll den Wolf zum Schäfer nehmen? Heißt das nicht, ich soll den Bock zum Gärtner setzen?“ — „Erzürnt euch nicht so sehr“, sagte klein Wölfchen, „er meint es gut mit euch und mir; er will nämlich damit nur sagen, ihr solltet mich zum Schäfer nehmen, weil ich klein Wölfchen heiße.“

Da besann sich der Mann eine Weile; dann sagte er: „Komm, du sollst mein Schäfer sein!“ Dann nahm er ihn mit sich ins Haus und versprach ihm außer Essen, Trinken und Kleidung noch sechs Heller Schäferlohn.

Klein Wölfchen aber versah sein Amt getreulich. Am Tag führte er die Schafe auf einen Berg und des Nachts schlief er in einem Häuschen, das auf einen Karren gebaut war; er hatte darin sein Bett und oben war ein kleines Fenster; zu dem guckte er morgens heraus, wenn er sehen wollte, wie die Sonne stehe; dann kam des Schäfers Töchterchen, die hieß Rinka, und brachte ihm ein großes Butterbrot. Da setzten sich klein Wölfchen und Rinka zusammen und plauderten über allerlei, was ihnen eben einfiel.

Eines Tages, als sie so beisammen saßen, kam eine alte Frau mit einem

schmutzigen, zerrissenen Kleid; sie ging ganz gebückt an einem Stock. Auf ihrem Kopf hatte sie einen Strohhut, den hielt sie mit der einen Hand fest zusammen, so daß man ihr Gesicht gar nicht sehen konnte; nur ein Paar feurige Augen blitzten unter dem Hut hervor, und wenn sie sprach, so hatte sie eine ganz rauhe Stimme. Sie grüßte die Kinder und setzte sich zu ihnen aufs Gras. „Seid doch so gut“, sagte sie, „und ruft mir euren Herrn herauf, ich will unterdessen auf die Schafe achtgeben.“ Klein Wölfchen aber sprach: „Das geht nicht an, ich darf meine Schafe nicht allein lassen; wenn Rinka hingehen will, so mag sie es tun!“ Da ging Rinka den Berg hinab, und die

Alte sah ihr nach, bis sie ganz drunten war. Dann schlug sie auf einmal ihren Mantel auseinander und riß ihren Strohhut vom Kopf und statt einer alten Frau stand ein grimmiger Wolf da, der klein Wölfchen zerreißen wollte.

Der Junge aber schlüpfte wie ein Blitz in sein Haus und schloß die Tür hinter sich zu. Der Wolf jedoch spannte sich an das Wägelchen und

wollte es fortziehen in den wilden Wald. Da fing der Star auf einmal an, mit tiefer Stimme zu schreien: „Was gibt's da?" Schnell ließ der Wolf den kleinen Wagen fahren und lief davon. Der Star aber flog ihm nach und schrie immer: „Räuber! Mörder!", so daß der Wolf vor Angst nicht wußte, wohin er sollte. Durch das Geschrei wurden die Bauern auf dem Feld aufmerksam. Die liefen herbei und schlugen so lange auf den Wolf, bis er tot war.

Unterdessen war Rinkas Vater gekommen und, wie er die zerstreuten Kleider auf dem Boden sah und die vielen Menschen, glaubte er, der Wolf habe seine Großmutter zerrissen; als man ihm aber die Geschichte erzählte, so sah er, daß der Wolf nur ihre Kleider genommen hatte, die am Hausdach zum Lüften aufgehängt waren.

Da packte er den Wolf und zog ihm das Fell ab, stopfte es mit

Stroh und dürrem Laub aus und legte das Ungetüm an einer großen Kette an die Haustüre. Wenn dann Diebe kamen und den Wolf sahen, so glaubten sie, er wäre lebendig, und liefen eilig davon.

Nachdem klein Wölfchen ein Jahr lang als Schäfer treu gedient hatte, sagte er zu seinem Herrn: „Gebt mir meinen Lohn, ich will weiter in die Welt gehen!"

Der Mann war aber mit klein Wölfchen sehr zufrieden gewesen; darum schenkte er ihm außer den sechs Hellern noch den Schäferkarren und einen Schafbock mit großen krummen Hörnern, den Wölfchen vor das Wägelchen spannte. Darauf fuhr er von dannen. Rinka aber begleitete ihn noch eine gute

Strecke, und als er von ihr ging, schenkte sie ihm ein Heideröslein. Sie sagte ihm dabei, solange das Heideröslein blühe, solange lebe sie noch; fange es aber an, zu welken, so sei sie krank, und fielen gar die Blätter ab, so sei sie ganz gewiß tot. Klein Wölfchen steckte das Heideröslein auf seinen

Hut, trieb den Schafbock mit einem langen Stecken an und zog dann in die weite Welt.

Nachdem er also sieben Tage gewandert war, kam er auf eine schöne Wiese, die war mit dichtem Gehölz umgeben, und aus dem Felsen rieselte eine Quelle und schlängelte sich als kleines Bächlein durch die Wiese hin. Klein Wölfchen schirrte seinen Schafbock aus und ließ ihn auf dem üppigen Grase weiden.

Er selbst schlief ein und träumte von vergangenen Tagen, als er mit Rinka zusammen die Schafe geweidet und sie so lieb gehabt hatte, bis ihn eine unwiderstehliche Sehnsucht hinaustrieb in die weite Welt. Wie er aber so träumte, kamen drei Bergfeen, die bewohnten eine Höhle unter der Erde. Wie sie den Knaben daliegen sahen, beschlossen sie, ihn zu entführen. Die eine haschte den Star und hielt ihm den Schnabel zu, damit

er nicht schreien konnte; die anderen aber zogen den Karren leise fort und brachten ihn in die Höhle hinein bis an ihr Haus und führten ihn durch den Garten, wo die silbernen und goldenen Lämmer weideten. Da stellten sie sich hinter einen großen Baum und begannen einen wunderbar schönen Gesang. Da wachte der Knabe auf und kroch aus seinem Häuschen und sah mit Verwunderung um sich her. Er wußte gar nicht, was geschehen war; er schaute sich deshalb nach seinem Schafbock um; doch der war verschwunden; da rief er seinem Star; aber der war auch nicht da; nun sah er nach der Musik, die er gehört hatte; doch er konnte nichts gewahren. Da traten endlich die drei Schwestern hervor; wie er sie sah, nahm er schnell seinen Hut herunter und stand ganz bescheiden vor ihnen.

„Gefällt es dir hier?“ fragte die eine. „O ja“, sagte klein Wölfchen und schaute dabei verlegen um sich, „aber sagt mir, ich seh' ja keine Sonne am Himmel und doch ist es so hell!“ — „Das ist eben hier so!“ erwiderten sie und wiesen dabei an die Decke des Gewölbes, das aus einem großen himmelblauen Kristall gehauen war.

Nachdem Wölfchen alles betrachtet hatte, fragten sie ihn, ob er bei ihnen bleiben und ihre Gold- und Silberschafe hüten wolle. Da wußte er nicht, was er sagen sollte. Als er aber so verlegen auf seinen Hut sah, fiel sein Blick auf das Heideröslein, das ihm Rinka geschenkt hatte. Da sagte er: „Ja, ich wollte gern bei euch bleiben; aber seht, ich bin schon einmal Schäfer gewesen und habe eine gar gute Freundin gehabt, die habe ich verlassen, um in die Welt zu ziehen. Wenn sie es nun erführe, so würde sie böse werden, daß ich zu euch gegangen bin. Ich will also lieber weiterwandern!“ Da wollten ihn die drei Schwestern nicht mehr zwingen, sondern brachten ihm allerlei köstliche Speisen zu essen und gaben ihm einen süßen Trank zu trinken. Als er den getrunken hatte, schlief er ein. Dann legten sie ihn auf sein Bett und zogen den Karren wieder auf die Wiese; sie selbst aber gingen in die Höhle, und diese schloß sich sogleich hinter ihnen zu, daß man nicht mehr sah, wo sie vorher gewesen war.

Klein Wölfchen wachte auf und sah sich verwundert um. „Das war ein sonderbarer Traum; meinte ich doch, ich sei in einem Zauberlande gewesen und hätte goldene und silberne Schafe gesehen; jetzt sehe ich nichts als meinen alten Schafbock und meinen Starmatz!“ — „Du magst wohl in einem Zauberlande gewesen sein!“ sagte Matz. „Die eine der Feen hat mir fast die Kehle zugedrückt, als ich dich wecken wollte, da sie dich unter die Erde führten.“ Darauf erzählte er ihm alles, wie es geschehen war; klein Wölfchen aber meinte: „Wenn ich die Schafe hüten will, so will ich sie mit Rinka hüten!“ Dann spannte er den Schafbock wieder vor und fuhr weiter.

Klein Wölfchen kam bald mit seinem Gespann an einen Platz, da waren drei Wege, die nach verschiedenen Seiten gingen. Er besann sich einen Augenblick, welchen Weg er fahren sollte; doch der Star flog voraus und schrie: „Die Mittelstraße ist die beste!“ Da fuhr ihm klein Wölfchen nach und kam bald an ein Haus, in dem wohnte ein kleines, wunderliches Männchen; diesem waren die beiden Beine vom Knie an in eines zusammengewachsen, so daß er nicht gehen, sondern nur hüpfen konnte. Er hüpfte jedoch so schnell, daß ihn niemand einzuholen vermochte, so geschwind auch einer laufen wollte;

und wenn ein Fremder die Straße zog, so mußte er mit ihm um die Wette laufen. Kam er aber später an das Ziel als das Männchen, so mußte er ihm ein ganzes Jahr lang dienen und seinen Schuh flicken; denn durch das viele Hüpfen zerriß er jeden Tag diesen großen Schuh. Wie also klein Wölfchen herbeikam, hüpfte das Männchen herzu und rief: „Steig' aus, Bursch', und lauf' mit mir um die Wette!" „Hier bin ich!" rief der Star. Da meinte das Männlein, klein Wölfchen stünde hinter dem Haus und hüpfte geschwind zu ihm hin; der Star aber flog nach vorne und rief wieder: „Hier bin ich!" und das Männchen hüpfte ihm wieder nach. Aber der Star war viel geschwinder, so daß das Männchen endlich derart müde wurde, daß es in einen Graben fiel. Da trieb klein Wölfchen seinen Schafbock an und fuhr schnell von dannen.

Er kam aber bald darauf an ein großes Wasser und über dem Wasser lag eine schöne Stadt, worin ein mächtiger König herrschte. Klein Wölfchen wäre gern drüben gewesen; doch er fürchtete, er möchte nicht so viel Geld haben, um für sich, sein Wägelchen, den Schafbock und den Star die Überfahrt zu bezahlen. Darum sagte er: „Hört, ihr Schiffer, wollt ihr mich nicht umsonst hinüberfahren?" -- „Nein, das können wir nicht!" meinten sie. „Nun, so will ich euch etwas sagen", sprach klein Wölfchen, „ich will euch ein Rätsel aufgeben; könnt ihr mir's lösen, so will ich euch meinen Schafbock und meinen Karren geben; könnt ihr's aber nicht, so fahrt ihr mich umsonst über!" Damit waren die Schiffer zufrieden. „Nun, so sag' dein Rätsel!" sprachen sie.

Klein Wölfchen aber besann sich hin und her; es wollte ihm jedoch keins einfallen; sie waren schon in der Mitte des Wassers und er wußte noch nichts, und konnte er ihnen keins aufgeben, so mußte er ihnen sein Wägelchen und seinen Schafbock lassen. Da sah er ein paar Fischerknaben, die saßen am Ufer und hatten ihre Netze ausgespannt; sie suchten auf ihren Kleidern nach Ameisen, die dort herumliefen. Da sagte klein Wölfchen: „Hört, ihr Schiffer, es saßen einmal drei Fischer an dem Ufer eines Flusses, die hatten ihre Netze ausgespannt; was sie fingen, das warfen sie von sich; was sie aber nicht fingen, das nahmen sie mit sich. Jetzt sagt mir, was haben sie eigentlich gefangen?" Da besannen sich die Schiffer hin und her; aber keiner wußte es zu erraten. Besonders machte ihnen das viel zu schaffen: „Was sie nicht fingen, das nahmen sie mit sich." „Hör'", sagten sie, „du willst uns etwas vormachen! Das ist ganz unmöglich, daß sie das mit sich nehmen konnten, was sie nicht gefangen hatten!" — „Es ist aber doch so!" sagte klein Wölfchen und lachte, daß er ihnen mit seinem Rätsel so viel zu schaffen machte. „So will ich's euch denn sagen!" sprach er. „Die drei Fischer waren vorher auf einem Ameisenhaufen gesessen und lasen sich jetzt die Ameisen von ihren Kleidern ab; diejenigen, die sie fingen, warfen sie fort; die aber, welche sie nicht bekommen konnten, mußten sie natürlich in ihren Kleidern mit nach Hause nehmen." Da sahen die Schiffer, daß klein Wölfchen ein listiger Bursche sei, und ließen ihn friedlich von dannen ziehen.

Klein Wölfchen zog aber gegen die Königsstadt; da kam der König herausgeritten auf einem gelben Pferd, das hatte silberne Hufeisen mit goldenen Nägeln. Wie ihn klein Wölfchen sah, sprang er aus seinem Karren heraus, stellte sich an den Weg und hielt seinen Hut in der Hand; unter dem Arm aber hatte er seine kleine Geige. Der König hatte noch niemals ein solches Instrument gesehen noch gehört; darum sagte er: „Was hast du denn da für ein kurioses Ding unter dem Arm?" — „Das ist eine Geige, Herr König!" sagte klein Wölfchen. „Damit macht man Musik!" — „Nun, so lass' einmal hören!" befahl der König. Da stimmte klein Wölfchen seine Geige und

spielte ein gar schönes Stück. Der König konnte sich aber nicht genug über seine Kunst verwundern. „Erbitte dir etwas von mir", sagte er, „ich will dir eine Gnade gewähren!" Klein Wölfchen besann sich nicht lange, sondern sagte: „Nun, so gebt mir eins der silbernen Hufeisen mit goldenen Nägeln!" Da ließ der König durch seinen Hufschmied, der ihn immer begleitete, dem Pferd ein Hufeisen abnehmen. Das Hufeisen steckte klein Wölfchen in seinen Brotsack, dankte und wollte weiterziehen; der König aber kehrte mit ihm um und sagte: „Du sollst bei mir bleiben!" Da führte er klein Wölfchen in seine Burg und ließ den Schafbock in einen Stall stellen, wo die Schafe aus marmornen Krippen fraßen; klein Wölfchen aber ließ er allerlei köstliche Speisen vorsetzen. Der Fürst hatte klein Wölfchen bald sehr lieb; denn wenn er von seinen schweren Regierungsgeschäften abends ganz müde war, so spielte ihm der Junge ein Stück auf der Geige und dann wurde er wieder munter und guter Dinge.

Eines Tags saß der König auf seinem Thron und sprach Recht allen, die eine Klage hatten. Es wurden aber diesmal vor ihn zwei Männer geführt, die warfen sich vor dem Thron nieder und berührten die Erde mit ihrer Stirn. Der König fragte: „Was ist eure Klage?" — „Gnädiger König!" sprach der eine. „Dieser Mann ist mir heute ganz allein im Walde begegnet, als ich eben ein Schaf, das sich von meiner Herde verlaufen hatte, wieder zurücktragen wollte; da befahl er mir, ich sollte ihm das Schaf überlassen; denn es sei sein. Es hat ihm aber niemals gehört, sondern ist bei meiner Herde geboren und groß geworden. Ich bitte euch, Herr, verhelft mir zu meinem Eigentum!" Da fragte der König: „Hast du Zeugen, die beweisen können, daß er dir das Schaf mit Gewalt genommen hat?" — „Nein!" sagte der Mann. Da wußte der König nicht, wie er gerecht urteilen sollte; denn der andere behauptete auch, das Schaf sei sein, und jener, der ihn angeklagt, hätte es ihm geraubt. Niemand aber war dabei zugegen gewesen; da sagte der König: „Kommt morgen zu dieser Stunde wieder!" Doch als sie den andern Tag wieder kamen, wußte der König noch nicht, wie er gerecht urteilen sollte, und sagte: „Kommt morgen zu dieser Stunde wieder!" Er war aber so in Gedanken über diese Sache, daß er am Abend, als klein Wölfchen wie gewöhnlich auf der Geige spielte, gar nicht achtgab, sondern diesen tiefen Gedanken nachhing. Da fragte ihn klein Wölfchen: „Herr König, was fehlt euch? Ihr seid heute so stumm und tiefsinnig!"

Jetzt erzählte ihm der König, wie die beiden Männer zu ihm gekommen seien, und daß er nicht wisse, wie er gerecht urteilen solle. „Gefällt es euch, Herr König, so laßt mich morgen zu Gericht kommen, dann will ich die

Sache entscheiden!“ Als aber am andern Morgen die beiden Männer wieder vor den König kamen, sagte klein Wölfchen: „Laßt doch auch das Schaf herbeibringen, um das ihr euch streitet!“ Da brachte man das Schaf herbei, und klein Wölfchen bedeckte es mit einem weißen Tuch, so daß man nichts mehr davon sehen konnte. Dann fragte er beide Männer: „Das Schaf hat an einem Ohr einen braunen Fleck; wer sagt mir, ob am rechten oder linken?“ Da sagte der, welcher es dem andern genommen hatte, am linken; der andere aber sagte: „Es hat weder am rechten noch am linken Ohr einen Fleck, sondern ein Ohr ist wie das andere.“ Nun zog klein Wölfchen die Decke weg und jedermann betrachtete es; es hatte aber wirklich keinen Fleck, sondern beide Ohren waren weiß, eins wie das andere. Nun sah man, daß der Angeklagte der Dieb sei; der andere Mann erhielt aber sein Schäfchen wieder und der Dieb mußte ihm dazu noch fünf andere geben.

Der König bewunderte den Verstand von klein Wölfchen und gewann es täglich lieber; ja, er wollte es zu seinem ersten Minister machen. Klein Wölfchen aber hatte wieder einmal nach seinem Heiderößlein gesehen; da bemerkte er zu seinem Kummer, daß die Blätter anfingen, ganz blaß und welk zu werden. Jetzt wußte er, daß Rinka krank sei, und ließ sich nicht mehr halten, sondern bat den König um seinen Abschied. Der König gab ihm denselben mit großem Bedauern; denn er hatte seine angenehme Gesellschaft sehr lieb gewonnen.

Klein Wölfchen ging des Morgens aus dem Schloß und wollte seinen Schafbock wieder vor den Karren spannen; aber statt des Schafbocks stand ein prächtiges Pferd im Hof, das hatte silberne Hufeisen mit goldenen Nägeln. „Das soll dein sein!“ sagte der König. Da nahm klein Wölfchen noch ein silbernes Körbchen mit goldenen Henkeln, das er sich aus dem silbernen Hufeisen hatte machen lassen, welches ihm der König vor dem Tor geschenkt hatte. Dann nahm er Abschied und ritt voller Sehnsucht der Heimat zu.

Unterdessen aber hatten sich die Schiffer sehr darüber geärgert, daß klein Wölfchen ihnen ein Rätsel aufgegeben hatte, das sie nicht lösen konnten. Sie hatten sich daher Tag und Nacht auf ein andres besonnen, das *sie ihm* aufgeben wollten. Als er nun dahergeritten kam und übergefahren sein wollte, sagten sie: „Ja, wir wollen dich wohl hinüberfahren; aber du mußt uns zuerst ein Rätsel lösen; kannst du es, so sollst du umsonst hinübergefahren werden; kannst du es aber nicht, so gibst du uns dein silbernes Körbchen zum Lohn!“ — „Nun, so laßt hören!“ erwiderte klein Wölfchen. Da sagte der eine

Fischer: „Es war einmal ein Schiffer, der sollte einen Korb mit Kohl, eine Ziege und einen Wolf über den Fluß fahren; sein Kahn war aber so klein, daß er jedesmal nur eines der drei hinüberfahren konnte. Da besann sich der Mann lange, wie er es machen sollte. Fuhr er den Kohlkorb zuerst hinüber, so fraß unterdessen der Wolf die Ziege; brachte er aber den Wolf zuerst hinüber, so mußte er nach ihr entweder den Kohl überfahren — den fraß aber die Ziege — oder den Wolf; der fraß jedoch selbst wieder die Ziege, bis der Schiffer mit dem Kohl ankam. Endlich aber fiel es dem Mann ein, wie er es machen konnte, und er brachte alle drei glücklich hinüber, ohne daß eines aufgefressen wurde. Nun, sag' mir, wie hat er es angefangen?" — „O! Das ist nicht schwer!" sagte klein Wölfchen. „Das hat mir meine Großmutter oft erzählt. Der Mann hat zuerst die Ziege hinübergefahren, da konnte der Wolf den Kohl

nicht fressen; dann führte er den Kohl über, nahm aber die Ziege wieder mit zurück und setzte sie ans Ufer; dann nahm er geschwind den Wolf und fuhr ihn hinüber zum Kohlkopf und endlich brachte er auch die Ziege hinüber. So war dann alles in Ordnung!"

Da sahen die Schiffer, daß sie ihn in Rätseln nicht überwinden konnten, und fuhren ihn auf die andere Seite des Flusses. Dort aber gab er seinem Pferde die Sporen und ritt davon. Er nahm jedoch diesmal einen anderen Weg, damit er nicht noch einmal dem wunderlichen Männchen mit dem einen Bein begegnen möchte. Den Star schickte er voraus, daß er Rinka von seiner baldigen Ankunft benachrichtige. Als sie hörte, daß er käme, ward sie sogleich wieder gesund.

Klein Wölfchen kam am dritten Tag nach dem Star an und wurde von Rinka und ihrem Vater gar freundlich empfangen. Rinka war seit jener Zeit zu einer schönen großen Jungfrau herangewachsen und auch klein Wölfchen war ein kräftiger, stattlicher Mann geworden. Da legte der Vater ihre Hände ineinander und sprach: „Seid glücklich!" So lebten sie beisammen noch viele Jahre; sie hatten aber die silbernen Hufeisen mit den goldenen Nägeln verkauft und ein großes schönes Gut dafür erhalten. Das silberne Körbchen dagegen bewahrten sie zum Andenken auf, und als Matz, der kluge Star, vor Alter starb, stopften sie ihn aus und setzten ihn auf den Spiegel. Rinka freute sich allemal, wenn sie ihren Kindern von dem klugen Starmatz erzählen konnte.

Das Wunderschäfchen.

Es war einmal ein Schäfchen, das war krank und sah sehr elend aus; es stand nur auf drei Beinen und wenn es ging, hinkte es und seufzte dabei und stand wieder still, wenn es nur ein paar Schritte gegangen war.

Zu diesem Schäfchen kam einst ein Schäfer mit seiner Herde. Da hinkte das kranke

Schäfchen herbei und suchte Gesellschaft und Pflege bei den anderen Schafen. Aber der Schäfer war ein harter und böser Mann. „Was tust du da?“ fuhr er das arme Tierchen an, das mit bittenden Augen zu ihm aufsah, gleich als ob es sagen wollte: „Sei so gut und laß mich mit deinen Schafen ziehen und hilf mir, daß ich wieder gehen kann!“ Aber der Mann kehrte sich weder an seinen bittenden Blick noch an seinen hilflosen Zustand, sondern jagte es mit dem Stock hinweg und trieb seine Herde brummend von dannen.

Das arme Schäfchen sah sich verlassen und legte sich nieder auf die Erde. Rechts und links rupfte es die Grashalme ab, die sparsam aus dem trockenen Boden hervorwuchsen, und fristete so kümmerlich sein Leben. Da kam ein anderer Mann, der trieb Schweine und Ziegen vor sich her, und ein großer zottiger Hund lief hinter ihm und half ihm die Herde in Ordnung halten. Der Mann sah das Schäfchen nicht; aber der Hund spürte es auf und bellte laut. Da trat der Mann hinzu und das Schäfchen sah auch ihn wieder mit beweglichen Blicken an, als ob es ihn um Hilfe bitten wollte. „Was ist denn das für ein elendes Tier?“ sagte er mit rauher Stimme. „Das hat gewiß mein Nachbar hier liegen lassen, weil er es nicht mag. Aber ich mag's auch nicht! Was soll ich mit ihm anfangen? Wenn ich es davonbrächte, ja, dann könnte es mir vielleicht mit seiner Wolle die Mühe bezahlen, die ich mit ihm hätte. Allein wer steht mir dafür, daß es mir nicht in den nächsten Tagen stirbt? Dann muß ich mir noch die Arbeit machen und ein Loch graben, um es zu verscharren. Nein, daraus wird nichts!“ So sagte er, wandte sich von ihm und trieb seine Herde weiter. Wie er aber über das Feld schritt, da hörte er das arme Tierchen seufzen und stöhnen, und der Klageton ging ihm doch durchs Herz. „Wie wär's“, sagte er, „wenn ich es einmal probierte? Das arme Tier muß doch hier jämmerlich verkümmern; vielleicht errett' ich's noch vom Tod!“

Da kehrte er wieder um und stellte das Schäfchen auf die Beine und trieb es an, fortzugehen. Aber es fiel nach den ersten Schritten wieder um und seufzte auf der Erde. Da nahm er es auf die Schultern, trug es heim, legte es hinter den Ofen und gab ihm ein wenig Ziegenmilch zu trinken. Er brachte ihm auch eine Handvoll kräftiger Kräuter und glaubte, davon werde es bald geheilt sein. Als er es jedoch am andern Morgen mit der Herde hinaustreiben wollte, konnte es noch nicht aufstehen. Da gab er ihm noch einmal Milch zu trinken und kräftige Kräuter zu essen und machte es am Abend ebenso. Wie es indessen am dritten Tag noch nicht aufstehen wollte, ward er ungeduldig. „Was soll ich mich um nichts und wieder nichts mit dir plagen?“ sagte er, nahm's und trug es wieder hinaus an die Stelle, wo er es gefunden hatte. „Da bleib' liegen!" sprach er. Das Schäfchen aber erhob den Kopf und leckte ihm die Hand und sah ihn bittend an. Doch er ließ sich nicht rühren, sondern ging mit seiner Herde weiter.

Es geschah aber, daß in die Nähe des Schäfchens ein kleines Mädchen kam, das trieb eine Ziege vor sich her und sang allerlei muntere Lieder. Da hörte es das Schäfchen seufzen, trat zu ihm und schaute es an. „Armes Tier!" sagte es. „Wer hat dich denn so unbarmherzig da liegen lassen? Komm mit mir!" Es versuchte, das Schäfchen aufzurichten; aber es fiel immer wieder um. „Warte, ich will geschwind einen Korb holen und dich heimtragen!" Da lief es zu seiner Mutter; die wohnte in einem kleinen Häuschen und saß und spann mit der Spindel Tag und Nacht, denn sie war eine gar arme Frau, die nichts hatte als das Häuschen und die Ziege. „Mutter", sagte Marie zu ihr, „da hab' ich draußen auf dem Stoppelfeld ein krankes Schäfchen gefunden; das will ich heimholen und pflegen, damit es wieder gesund wird!" — „Das ist recht gut", sagte die Mutter, „aber was wollen wir ihm denn zu essen geben? Es muß Milch trinken und wir haben doch keine als jene, die uns die Ziege gibt, und davon müssen wir beide selbst leben!" — „Das will ich schon machen", sagte Marie. Dann ging sie hin und trug das Schäfchen heim.

Wenn ihr aber die Mutter zum Frühstück und Abendessen ihren Anteil an der Ziegenmilch gab, brachte sie ihn gleich dem Schäfchen und reichte ihm zu trinken; sie selber aß ihr Stücklein Brot und freute sich, wenn ihr das Schäfchen aus Dankbarkeit die Hand leckte. Es dauerte schon lange so und das Schäfchen lag immer noch krank. Doch Marie ließ sich's nicht verdrießen, sondern teilte mit ihm, was sie selbst zu essen bekam. Eines Morgens aber, als Marie im Bett lag, fühlte sie ihre Hand sanft bewegt; da wachte sie auf und sah, daß ihr liebes Schäfchen vor dem Bett stand und

den Kopf auf ihre Hand gelegt hatte. Sie stand schnell auf und das Tierchen hüpfte in der Kammer herum und war ganz fröhlich. Sogleich nahm sie es mit sich auf die Weide und es scherzte und sprang vor ihr her und kam auf ihren Ruf zurück.

So ging es jeden Tag und Marie hatte ihre herzliche Freude an dem schönen Tierchen. Seine Wolle, die vorher schmutzig und rauh war, wurde jetzt so weiß wie Schnee und so fein und zart wie Seide. Auf der Stirn aber hatte es drei braune Flecken.

Eines Tags jedoch, als das kleine Mädchen wieder sein Schäfchen und die Ziege weidete, kam ein Schäfer mit seiner Herde daher. Es war derselbe böse Mann, der zuerst das Schäfchen auf dem Feld gefunden und hilflos hatte liegen lassen. Er kannte es an den drei braunen Flecken auf der Stirne und sah mit Neid, wie es so groß und schön geworden war. Darum sann er darauf, wie er es sich zueignen könnte. Am Abend, als er dachte, daß das Kind mit dem Schäfchen daheim sein werde, nahm er einen großen Sack, ging in Mariens Haus und sagte: „Das Schäfchen mit den drei braunen Flecken gehört mir; es hat sich von meiner Herde verlaufen und ich habe es lange gesucht; seid so gut und gebt es mir wieder!"

Marie aber und ihre Mutter glaubten, der Mann rede wahr, und gaben ihm das Lämmchen, wiewohl nicht gern. Das Mädchen weinte und bat den Mann, noch einen Augenblick zu warten; dann nahm es ein weißes Bändchen, das es um den Hut geknüpft hatte, und band es dem Lämmchen um den Hals. Darauf küßte sie es, und der Mann steckte es in seinen Sack und trug es heim.

Auf dem Wege aber wurde ihm das Lämmchen so leicht, so leicht, daß er sich nicht genug darüber wundern konnte. „Das ist ja ein Wunderlämmchen!" sagte er. „Sonst wird einem die Last, die man trägt, immer schwerer; aber das wird immer leichter!" Er konnte kaum erwarten, bis er nach Hause kam; da zündete er ein Licht an und band den Sack auf; aber

statt des Lämmchens sprang ein weißes Mäuschen heraus und lief, ehe er sich noch recht besinnen konnte, in ein Loch im Boden.

Da schaute er in den Sack hinein; aber er sah nichts als ein großes Loch. „Aha", sagte er „jetzt weiß ich, warum der Sack so leicht geworden ist; du bist mir davon gelaufen; warte, ich will dich schon wieder bekommen!" Da nahm er einen andern Sack und besah ihn genau, ob auch kein Loch darin sei, und ging damit wieder zu Mariens Häuschen. Er klopfte an's Fenster und sagte: „Mein Schäfchen ist mir davongelaufen; ist es nicht zu euch gekommen?" — „Ja", sagte die Mutter, „es ist wieder gekommen; da habt ihr's!"

Nun steckte er es wieder in den Sack und trug's in der Nacht heim. Aber auf dem Wege ward ihm der Sack wieder leichter und leichter und er wußte gar nicht, was das sein sollte. Da legte er ihn geschwind unter einem Baum nieder. Husch! — flog eine weiße Taube heraus, und ehe er sich noch recht besinnen konnte, war sie schon weit fort. Da wurde er sehr ärgerlich und schüttelte und rüttelte an dem Sack; aber es kam nichts heraus; da wendete er ihn um; er sah aber nichts als ein großes Loch am Boden des Sacks. „Ah!“ sagte er. „Jetzt weiß ich's; ich bin vorhin an einem hohen Dornbusch vorbeigegangen; der hat mir gewiß ein Loch in den Sack gerissen und das Schäfchen ist durchgeschlüpft. Jetzt will ich's aber besser machen!“

Da zog er heim und holte einen ganz neuen Sack und ging noch einmal zu dem Haus des Mädchens. „Ist mein Schäfchen nicht da?“ rief er zum Fenster hinein. „Ja, es ist da!“ sagte die Mutter und schloß ihm die Türe auf. Aber das arme Mädchen weinte und bat ihn, er möchte ihr doch das Schäfchen lassen; er jedoch hörte nicht darauf, sondern sagte zu dem Lamm: „Wart', du sollst mir nicht wieder davon laufen!“ Dann nahm er einen Strick und band ihm die Füße fest zusammen, steckte es in seinen Sack und trug es davon.

Auf dem Wege aber ward ihm der Sack gar schwer. Da sagte er: „Nicht wahr, ich hab's gefunden; du sollst mir nicht mehr davon laufen!“ Der Sack ward ihm aber immer schwerer und schwerer, also, daß er einmal ausruhen mußte. Da legte er den Sack neben sich und setzte sich auf einen großen Stein, der am Weg lag. Wie er aber den Sack so betrachtete, hörte er ein sonderbares Brummen und Stöhnen darin.

„Ich will einmal sehen, was dem Schäfchen fehlt!“ dachte er. Er knüpfte daher schnell den Sack auf; aber statt des Lämmchens sprang ein

großer Wolf heraus und, ehe er sich recht besinnen konnte, hatte ihn der Wolf auch schon zerrissen.

Unterdessen war das kleine Mädchen sehr traurig, daß es sein Schäfchen zum dritten Male verloren hatte. Es wollte sich nicht schlafen legen, sondern stand am Fenster und sah mit tränenden Augen hinaus; da sprang auf einmal das Lämmchen herbei und blieb vor der Tür' stehen. Marie aber lief hinaus und führte es herein, legte es in seinen Korb hinter dem Ofen und sagte: „Jetzt soll es der böse Mann nicht mehr holen. Es gehört ihm gewiß nicht; sonst wäre es nicht zum drittenmal wiedergekommen!“

Das Tierlein war aber kein wirkliches Schäfchen, sondern ein Waldfräulein hatte sich in seine Gestalt verwandelt und wollte sehen, ob die Menschen auch mitleidig wären. Sie konnte sich in alle Gestalten ver-

wandeln; das wußte das Kind nicht, sondern glaubte, das Schäfchen sei dem Mann wirklich entlaufen. Darum führte Mariechen es den andern Tag wieder auf die Weide.

Als sie noch nicht lange da war, kam ein Hirte, der trieb Schweine und Ziegen vor sich her. Wie er das Schäfchen mit seinen drei braunen Flecken auf der Stirn sah, erkannte er es als jenes, das er zwei Tage gepflegt, am dritten Tage aber wieder aufs Feld gesetzt und verlassen hatte. Als er sah, wie schön es war und welch' weiße feine Wolle es hatte, erwachte der Neid auch in ihm und er besann sich auf eine Lüge, wie er das Schäfchen oder wenigstens seine Wolle in seine Gewalt bekäme. Darum sagte er: „Hör', Mädchen, wo hast du denn das Lamm her?"

„Ich habe es hier gefunden," sagte das Mädchen, „es war krank und ich nahm es mit mir und pflegte es, bis es gesund wurde. Gestern war ein Mann da, der sagte, es gehöre ihm. Er hat es auch dreimal mitgenommen; aber es ist ihm entlaufen, und die Leute sagen, der Mann sei von einem grimmigen Wolf zerrissen worden!"

Als der Hirte das hörte, da erschrak er; denn er wußte wohl, daß der Schäfer sich das Lämmchen unrechtmäßigerweise hatte nehmen wollen. Um aber doch nicht ganz leer auszugehen, sprach er: „Ja, ich sage nicht, daß das Lämmchen mir gehört; aber ich habe es hier in einem betrübten Zustand gefunden, habe es mit mir genommen und lang gepflegt; o, ich habe mich recht viel mit ihm geplagt; doch was war am Ende mein Dank? Es lief mir davon und ich habe alle Mühe und Arbeit umsonst gehabt. Da ist es doch nur billig, daß es mir seine Wolle gibt; eigentlich gehörte es ganz mir!" Das kleine Mädchen konnte nichts dagegen sagen. Sie setzte sich also und ließ den Hirten tun, wie er wollte. Dieser legte das

Lamm auf seinen Schoß, zog eine große Schere hervor und fing an, es zu scheren. Die Wolle fiel in zarten Löckchen und ein wohlriechender Duft stieg von ihr empor wie von Rosen und Veilchen. „Aha“, dachte der Hirte, „das wird einmal eine Wolle geben! Die soll mir teuer bezahlt werden!“

Wie er aber so begierig schnitt und über seine gelungene List sich innerlich erfreute, da flog ein mächtiger Vogel über ihn hin, der hielt eine Schlange in den Krallen. Der Hirt sah dem wunderbaren Vogel nach; doch aus großer Begierde schnitt er immer fort und fort und schnitt sich auf einmal die Hand ab. Da tat er einen lauten Schrei und lief davon; aber auch das Mädchen lief weg und die Ziege sprang ihr erschrocken nach.

Das Schäfchen jedoch blieb auf der Stelle liegen und rief durch sein Blöken das Mädchen wieder herbei. Dieses nahte sich ihm schüchtern und sah verwundert, daß die geschorene Haut wieder mit Wolle bewachsen war wie vorher; die abgeschnittene Wolle lag auf der Erde. Das Kind hob sie auf, ging mit den Tieren heim zur Mutter und erzählte ihr, was geschehen sei. Da holte die Mutter ein neues Spinnrädchen aus der Lade und sagte: „Nun spinne mir die Wolle zu einem schönen Faden; du kannst mir daraus ein Paar Handschuhe stricken für den Winter; die Wolle ist so zart und weich!“

Gleich fing Marie an, das Rädchen zu drehen, und spann und spann, und eine unsichtbare Hand zog die Wolle zu einem langen, langen Faden aus, so daß sich die Mutter sehr verwunderte. Als sie aber das letzte Löckchen Wolle durch die Hand gleiten ließ, löschte plötzlich das Licht aus — ein wundersamer Glanz erleuchtete das kleine Stübchen und ein Duft von Rosen und Veilchen zog durch das Zimmer.

Da trat aus der Wand eine Frau von königlichem Ansehen; ein freundliches Lächeln spielte um ihren Mund, braune Locken wallten über ihren Nacken herab und eine Krone von goldenem Eichenlaub ruhte auf ihrem Haupt. „Seid mir gegrüßt,“ redete sie die Verwunderten an, „es ist Zeit, daß ich mich euch zu erkennen gebe. Ich war dein Schäfchen, liebe Marie, das du so sorgsam gepflegt hast: Ich wollte sehen, ob die Menschen mitleidig und gut sind. Zwei böse Männer habe ich kennen gelernt; ich habe sie dafür bestraft; für deine Güte gegen mich will ich dich aber belohnen. Nimm die gesponnene Wolle und schenke sie der Königin; aber verkaufe sie ihr nicht! Die letzte Locke jedoch behalte selbst zum Andenken an mich!“ Als die königliche Frau das gesagt hatte,

verschwand sie; die Wände des Stübchens waren wieder so schwarz wie vorher und statt des Rosendufts stieg nur noch der Öldampf der Lampe in die Höhe.

Zu der Zeit aber reiste die Königin umher, um gesponnene Wolle zu kaufen für ihr Töchterchen, das stricken lernen sollte. Da kam sie auch in die Gegend, wo Marie wohnte, und ließ durch ihre Diener überall bekannt machen, wer recht feine gesponnene Wolle hätte, der solle sie bringen, die Königin wolle sie kaufen. Als das die Spinnerinnen der Umgegend hörten, kamen sie alle herbei, und jede glaubte, die schönste Wolle zu haben. „Die wollen wir einmal recht teuer verkaufen," sagten sie, „die Königin mag es bezahlen!" Sie kamen alle zusammen auf einer großen Wiese, da hatte sich die Königin ein Zelt aufschlagen lassen; sie trat heraus und besah die Wolle einer jeden. Wenn sie aber nach dem Preis fragte, so forderten die Mädchen so viel, daß die Königin über ihre Unbescheidenheit erstaunte. Doch kaufte sie von jeder ein klein wenig. Zuletzt kam sie auch dahin, wo die kleine Marie war. Auch ihre Wolle nahm

die Königin in die Hand, befühlte sie und erstaunte wie fein und zart sie war.

„Was willst du für die Wolle?" fragte die Königin. — „Ich verkaufe sie nicht!" antwortete Marie. — „Nun, warum bist du dann hierher gekommen?" fuhr die Königin fort. — „Um sie Euch zum Geschenk zu bringen, wenn sie

Euch gefällt!" sagte Marie lächelnd. Da nahm die Königin die Wolle und sprach: „Es ist billig, daß ich dir ein Gegengeschenk gebe!" Darauf ließ sie den Faden an dem Zelt festknüpfen, ging mit Marie weiter und sagte: „So weit der Faden reicht, soweit soll das Land dein sein!" Da wickelte Marie den Faden ab und ging in einem großen Kreis herum, und der Faden wurde länger und länger und wollte gar kein Ende nehmen. Endlich aber kam sie zum Zelt zurück und band das andere Ende an. „Dies Land soll dein sein!" sagte die Königin und ließ es darauf mit einem breiten Graben umschließen und in diesen einen Bach leiten, sodaß es zu einer schönen Insel wurde. Statt des Zeltes aber ließ sie ein prächtiges Haus erbauen und ringsum einen Garten anlegen; als alles fertig war, zog Marie mit ihrer Mutter dahin und sie lebten noch lange auf ihrer glücklichen Insel.

Eine Mutter hatte einmal ein kleines Töchterchen, mit dem ging sie spazieren hinaus auf das grüne Feld. Die Sonne schien gar warm und der Himmel war mit tausend und tausend silbernen Wölkchen bedeckt.

„Was sind denn das für liebe Schäfchen?“ fragte das Kind. — „Das sind

Himmelsschäfchen!" sagte die Mutter. „Sie treibt ein freundlicher Hirte auf die Weide, und wenn es lange geregnet hat und die Silberschäfchen ziehen am Himmel auf, so scheint gewiß die liebe Sonne bald wieder!" — „Ach, Mutter!" bat das Kind. „Kauf' mir doch so ein Silberlämmchen!" — „Das kann ich nicht," sagte die Mutter, „denn auf der Erde gibt es keine so schönen Schafe; die sind nur am Himmel und der Hirte, der sie weidet, hat alle seine Schäfchen gezählt und gibt keins davon her." — „Ach, bitte ihn einmal darum!" flehte das Kind. Da versprach die Mutter, den Hirten einmal zu bitten, und sie gingen miteinander heim.

Das Kind aber konnte die Himmelsschäfchen nicht vergessen, und wenn auch die Mutter, um es zu beruhigen, sagte, sie hätte den Schäfer vergeblich darum gebeten, so verlangte es doch nur um so begieriger danach und ward endlich krank vor Sehnsucht und Bekümmernis. „Ich will ja gewiß recht brav sein!" sagte das Kind. „Aber gib mir nur ein Himmelsschäfchen!" Da wurde die Mutter um ihr Kind sehr besorgt und ging zu einem Mann, der verfertigte ihr ein kleines Schäfchen von Holz mit einem goldenen Halsbändchen und strich es mit Silberfarbe an. Das brachte die Mutter dem Kinde und sagte: „Hier hast du ein Himmelsschäfchen, das hat mir ein Mann gebracht!" Aber das Kind klagte: „Das ist kein Himmelsschäfchen; denn diese sind viel größer und schöner; gib mir ein Himmelsschäfchen!"

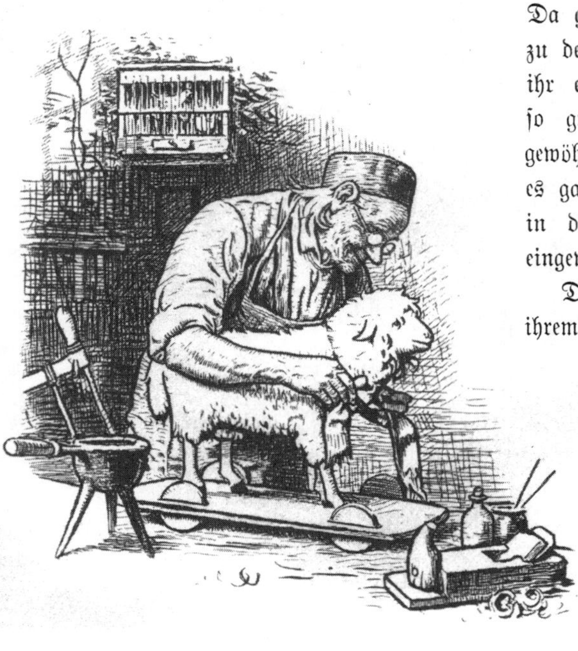

Da ging die Mutter wieder zu dem Mann; der machte ihr ein anderes Schäfchen, so groß, wie die Schafe gewöhnlich sind, und bedeckte es ganz mit weißer Wolle; in die waren Silberflitter eingewoben.

Die Mutter aber brachte ihrem Kinde dies Schäfchen und sagte: „Da hat mir der Mann ein anderes Schäfchen gegeben; das wird wohl ein Himmelsschäfchen sein; sieh, wie es groß ist und welche schöne

Wolle es hat!" Aber das Kind weinte und sagte: „Das ist auch kein Himmelsschäfchen; die Himmelsschäfchen haben durchsichtige Wolle; gib mir ein Himmelsschäfchen oder ich sterbe!" Da war die gute Mutter sehr traurig; denn das Kind wurde kränker und kränker und sie wußte nicht, wie sie ein Himmelsschäfchen bekommen sollte. Sie setzte sich in das Kämmerlein, wo ihr Töchterchen krank lag, und weinte vor Kummer und Sorge und vergoß heiße Tränen.

Als sie aber so betrübt vor sich hinsah auf den Boden, da war es ihr, als täte sich die Wand auf und sie schaue hinauf zu dem weiten, weiten Himmel und in der Ferne gewahre sie eine liebliche Frau; die trug ein silberweißes Lämmchen auf ihrem Arm und schwebte, von Wolken getragen, zu ihr nieder. Da erfüllte sich das Kämmerlein mit wundersamem Glanz und die Wände, die vorher dunkel waren, leuchteten jetzt wie das sanfte Licht

der Morgenröte. Die königliche Frau aber stellte das Schäfchen in das kleine Blumengärtlein, das vor dem Fenster stand, und sprach: „Ich habe Mitleid mit deinem Kummer und bringe deinem Töchterlein ein Himmelsschäfchen!“ Da wachte das Kind in seinem Bett auf und sah die königliche Frau und das Himmelsschäfchen, das im Blumengarten auf und ab ging. Nun war ihm ganz wohl. Die Himmelsfrau aber sprach zu ihm: „Ich schenke dir, was du so sehr gewünscht hast; aber gib acht, daß du nicht ungehorsam bist oder eine Unwahrheit redest; denn erfahre ich einen einzigen Ungehorsam von dir, so ist dein Schäfchen verloren!“

Gern gelobte das Kind seiner Mutter, zu tun, was die königliche Frau gesagt hatte. Diese aber verschwand, wie sie gekommen war; der Lichtglanz verblaßte allmählich; statt dessen stieg die Sonne über den blauen Bergen empor und schien ins Kämmerchen und ins Blumengärtlein, wo das Himmelsschäfchen weidete. Es hatte silberglänzende Wolle; die war ganz durchsichtig, wenn die Sonne darauf schien, und um den Hals trug es ein Band, das glänzte in sieben Farben wie der Regenbogen. Es blökte aber nicht wie die anderen Schafe, sondern sang zuweilen mit wunderschöner Stimme. Da lief das Kind zu ihm hinaus und streichelte es und brach ihm frischen Klee ab; den wollte es aber nicht fressen: es roch nur zuweilen an den süß duftenden Rosen und den weißen Lilien — das war seine Speise.

Das Kind hatte seine große Freude an dem schönen Lämmchen und rief alle seine Gespielinnen herbei und zeigte es ihnen. Wenn es das Schäfchen auf die Wiese führte, wo die duftenden Kräuter wuchsen, so folgte es dem Kind auf den Ruf; des Nachts aber schlief es bei ihm in seinem Bettchen; wenn das Kind dann des Morgens aufwachte, so stand das Schäfchen schon wieder im Blumengärtlein vor dem Fenster und roch an den Rosen und Lilien.

Eines Tages führte das Kind das Schäfchen wieder hinaus auf eine große schöne Wiese, durch die ein silberklares Bächlein floß, und über den Bach ging eine kleine Brücke. Die Mutter aber hatte befohlen: „Geh’ mir nicht weiter als bis an die Brücke; ich fürchte, das Himmelsschäfchen möchte in den Bach fallen und ertrinken!“

Das Kind spielte mit dem Schäfchen auf der Wiese, wie es immer getan hatte. Da kamen ihre Freundinnen und sagten: „Komm, wir wollen einmal über den Bach gehen auf jenen Berg; dort ist’s gar schön!“ Das Mädchen aber erwiderte: „Nein, das darf ich nicht tun; meine Mutter hat mir’s verboten!“ — „Ei, warum denn?“ sagten ihre Gespielinnen. „Wir können ja dort viel schöner spielen als hier!" — „Ja", sagte das Mädchen, „ich fürchte aber, wenn wir über die Brücke gehen, so könnte mein Schäfchen in den Bach fallen und ertrinken!" — „Dafür laß uns sorgen!" riefen die Freundinnen. „Wir wollen's schon halten, daß es nicht hineinfällt!" Da gab das Mädchen nach und ging mit.

Als sie aber an die Brücke kamen, fielen ihm wieder die Worte der königlichen Frau ein, die gesagt hatte, sie solle der Mutter nicht ungehorsam sein. Darum sprach sie: „Nein, ich darf meiner Mutter nicht ungehorsam sein; sonst wird mir mein Himmelsschäfchen genommen!" — „Ei, wer wird

dir's denn nehmen?" riefen ihre Gespielinnen. „Das hat die königliche Frau nur so gesagt! Und damit es ja nicht in den Bach fällt, so nimm es auf den Arm und trag's hinüber!" Da nahm das Mädchen das Himmelsschäfchen auf den Arm und trug es hinüber. Wie sie aber zur Mitte der Brücke kam, da brach diese zusammen und die Mädchen, die vor ihr gingen, fielen alle in den Bach. Sie selbst erschrak so sehr, daß sie das Himmelsschäfchen fallen ließ. Dies fiel aber nicht in den Bach, sondern in demselben Augenblick tauchte die königliche Frau, die es gebracht hatte, aus dem Wasser hervor und fing es in ihren Armen auf; dann erhob sie sich in die Lüfte und ein paar Wolken trugen sie hin bis an den Himmel; da setzte sie das Lämmchen wieder zu den anderen Himmelsschäfchen, bei denen es früher gewesen war. Das Mädchen aber weinte sich die Äuglein rot und bat ihre Mutter, sie möchte ihm ein anderes Himmelsschäfchen verschaffen; doch die Mutter erwiderte: „Das ist die Strafe des Ungehorsams!“

Ihre Freundinnen, die sie zu dem Ungehorsam verleitet hatten, kamen mit dem bloßen Schrecken davon. Ihre Kleider waren ganz naß und schmutzig geworden und sie mußten so nach Hause gehen; dort wurden sie von allen ausgelacht und von ihren Eltern bestraft, wie es sich gehört.

DIE GRASMÜCKE

Eine Grasmücke hatte einmal zwei Eier in ihr Nestchen gelegt und war dann davongeflogen, um sich ein paar Raupen und Fliegen zum Mittagessen zu holen. Ein träger Kuckuck hatte sie aber von ihrem Nest wegeilen sehen; da flog er hin, warf eins von den Grasmückeneiern hinaus und legte dafür sein Kuckucksei hinein. Dann flog er wieder fort und dachte: „Die Grasmücke mag das Ei ausbrüten und mein Kuckuckskind groß ziehen!" Die Grasmücke merkte auch nicht, daß sie ein fremdes Ei in ihrem Nest habe, sondern brütete Tag und Nacht, bis nach einiger Zeit zwei junge Vöglein ausschlüpften. Sie sahen einander jedoch wenig ähnlich. Das junge Grasmückchen war zart gebaut; der junge Kuckuck dagegen hatte einen gewaltig großen Bauch und schrie den ganzen Tag: „Mutter, essen, essen!" Und wenn die Mutter mit einer Raupe oder Fliege nach Hause kam, so schnappte der Kuckuck immer zuerst danach, so daß das kleine Grasmückchen fast gar nichts erhielt.

Er machte sich auch in dem Nest so breit, daß das junge Grasmücklein keinen Platz hatte zum Sitzen. Es waren noch nicht zwei Wochen vergangen, da sagte der Kuckuck zu ihm: „Mach' mir Platz!" Da seufzte Grasmückchen: „Ich kann gar nicht mehr weiter rücken; du nimmst ja das ganze Nest allein ein!" — „Mach' mir Platz" schrie der Kuckuck „oder ich fresse dich!"

Da setzte sich klein Grasmückchen auf den Rand des Nestes und hielt

sich mit dem Schnabel fest; aber der Kuckuck schüttelte und rüttelte weiter; da fiel das arme Grasmücklein hinunter auf den Boden; denn seine Flügel waren noch nicht gewachsen.

Es ging aber ein kleiner Knabe am Baum vorbei, der hörte das Gras=

mückchen schreien; da nahm er es mit sich nach Hause und fütterte es mit Würmern und Brosamen, und das Grasmückchen wuchs und ward stark und munter. Es flog in der Stube umher und fraß die Fliegen und zwitscherte und sang gar lustig. Wenn ihm aber der kleine Knabe rief: „Grasmückchen, komm!“ — so flog es herbei und setzte sich auf seinen Finger.

Grasmückchen lebte bei dem Knaben den Herbst und Winter über und ergötzte alle durch seine Fröhlichkeit und sein munteres Wesen. Als aber im Frühjahr der Schnee von den Bergen geschmolzen war und die Erde anfing, wieder grün zu werden, die Bäume Blätter bekamen, die Vögel lustig sangen und die Sonne so freundlich zum Fenster hereinschien, da wurde es dem Grasmückchen zu eng in dem kleinen Stübchen.

Der Knabe merkte sein Begehren und öffnete ihm das Fenster. Da flog es hinaus zu dem Baum, auf dem seiner Mutter Nest gewesen; aber es war nicht mehr da; auf dem Boden lagen Heu, ausgefallene Pferdehaare und ausgerupfte Federn herumgestreut. Da wußte es, daß jemand das Nest zerrissen hatte. Darüber betrübte sich Grasmückchen sehr und flog in den Wald hinein und fragte alle Vögel, ob sie seine Mutter nicht gesehen hätten. Doch niemand konnte ihm etwas von ihr sagen. — Mit der alten Grasmücke aber war es also zugegangen.

Nachdem nämlich der Kuckuck das Grasmückchen aus dem Nest geworfen hatte, war die Mutter nach Hause gekommen; da fragte sie, wo klein Grasmückchen sei. Der Kuckuck aber brummte: „Ja, das ist ein recht boshaftes Kind; es hat mich aus dem Nest jagen wollen; ich habe mich aber gewehrt und da ist es davongeflogen!“ Die alte Grasmücke hatte das geglaubt und holte dem Kuckuck Fressen; der war aber nicht mehr zu

sättigen und sie wurde ganz matt von dem vielen Hin- und Herfliegen.

Als sie so eines Abends müde nach Hause gekommen war, wollte er, daß sie noch einmal ausfliege; da sagte sie: „Du kannst satt sein für heute, du fauler Vielfraß; warte bis morgen!“ Da riß er aber seinen Schnabel ganz schrecklich auf und schrie: „Wenn du mir nicht gleich zu essen gibst, so fresse ich dich!“

Jetzt fürchtete sich die alte Grasmücke und flog davon; wie jedoch am anderen Morgen der Kuckuck sah, daß sie nicht mehr zurückkam, war er gezwungen, sich selbst seine Nahrung zu suchen; er flog daher aus dem Nest; aus Bosheit aber zerriß er es und warf es auf die Erde.

Die alte Grasmücke hatte ihr Grasmückentöchterchen überall aufgesucht, aber nicht finden können; da flog sie auf einen Busch, dessen Blätter ein Knabe mit Vogelleim bestrichen hatte; als sie wieder wegfliegen wollte, konnte sie nicht mehr. Nun fing sie an zu schreien und mit den Flügeln zu schlagen; aber sie konnte nicht los und der Knabe kam hinzu und setzte sie in einen Käfig. Er gab ihr zu essen und zu trinken und behielt sie den Winter über bei sich.

Unterdessen hatte klein Grasmückchen seine Mutter vergebens gesucht; da kam sie einst zu einer Nachtigall, die sagte: „Ich will dir einen guten Rat geben: Wir reisen jetzt bald in das Land, das nach Mittag zu liegt; da geh mit uns; vielleicht findest du dort deine Mutter!“ Damit war Grasmückchen zufrieden und, als es Nacht wurde, flog es mit den Nachtigallen fort; die wurden von einer Königin geführt. Sie flogen nur des

Nachts; Tags aber schliefen sie in dichtem Gebüsch oder suchten ihre Nahrung und aßen und tranken.

Nachdem sie über ein großes Meer gezogen waren, kamen sie in eine Gegend — da war lauter Sand, soweit man sehen konnte. Ganz am Ende aber erblickte man einen erhabenen Punkt; das war eine Insel in dem Sandmeer, die grünte das ganze Jahr, während ringsherum alles verdorrt und erstorben war. Mitten auf der Insel floß eine kleine Quelle: die sprang aus einem Felsen heraus und lief über eine Wiese; wo sie aber in den Sand kam, versiegte sie plötzlich von der großen Hitze. Auf der Insel hingegen war es kühl und schattig und die Nachtigallen sangen wunderschön, und wenn sie gesungen hatten, badeten sie sich in dem klaren Wasser.

Grasmückchen aber suchte vergebens nach seiner Mutter; sie war nirgends zu finden. Die Nachtigallen blieben so lange hier, bis in ihrer Heimat der Winter vorbei war; dann flogen sie wieder zurück, die Königin stets voraus. Ehe sie aber über das große Meer zogen, machten sie einmal Halt und setzten sich am Ufer nieder, um Kräfte zur Überfahrt zu sammeln. Da scharrte Grasmückchen ein wenig im Sand und fand zwei schwarze glänzende Kugeln. Es dachte: „Die will ich mitnehmen und sie dem Knaben schenken, der mich gepflegt und gefüttert hat!" Es nahm sie also in seine Krallen und flog mit ihnen über das Meer in die Heimat.

Dort war es Frühling und die Sonne schien freundlich durch das Fensterlein, hinter welchem Grasmückchens Mutter gefangen saß; sie wäre gar gerne draußen gewesen in der frischen freien Luft. Das merkte der Knabe und hing den Käfig vors Fenster und die Grasmücke wurde lustig und munter.

Da sah sie eine andere Grasmücke herbeifliegen, die hatte zwei schwarze Kugeln in ihren Krallen; das war aber ihr Töchterchen, das junge Grasmückchen. Schnell rief die Alte: „Mach' auf, mach' auf!"

Geschwind schob klein Grasmückchen den Riegel vom Türchen zurück und husch! — flog die Alte heraus. Als sie sich nun wiedersahen, da weinten beide vor Freude und erzählten sich auf einem nahen Baum alles, was ihnen seitdem begegnet war. Wie sie fertig waren, meinte die Alte: „Willst du denn nicht dem Knaben, der mich den ganzen Winter gefüttert hat, eine von deinen Kugeln schenken? Du hast ja noch eine!" — „Ach ja!" sagte klein Grasmückchen und flog hin zum Käfig und legte die eine Kugel in das Nestchen.

Dann flogen sie fort zu dem Knaben, der klein Grasmückchen gepflegt hatte, und warfen ihm die andere Kugel zum Fenster hinein; wie sie auf den Boden fiel, zerbrach sie in zwei Stücke; aber aus der Höhlung fiel ein Diamant heraus, der glänzte wie Feuer. Den fand der Knabe und sein Vater trug ihn in die Stadt und verkaufte ihn für vieles Geld, so daß der Knabe sehr reich wurde. Der andere Knabe hatte aber auch seine Kugel gefunden. Da betrachtete er sie lange und hielt sie für ein Ei. „Das will ich ausbrüten lassen", dachte er, „darin muß ein sonderbarer Vogel stecken!"

Während er die Kugel so besah, hörte er aus dem Busch mit Vogel=

leim ganz gewaltig schreien; er lief hinaus, um zu schauen, was es gebe, und sieh da, es hatte sich ein großer Kuckuck am Vogelleim festgeklebt. Das

war derselbe, der die junge und die alte Grasmücke aus ihrem Nest getrieben hatte. Da nahm ihn der Knabe und setzte ihn auf das Nest in seinem Käfig und sagte: „Jetzt brüte mir einmal das Ei aus!“ Der Kuckuck aber, weil er sonst gar nichts zu tun hatte, brütete und brütete recht lange; da zerplatzte auf einmal das Ei; doch statt eines Vögelchens kam eine junge Schlange hervor, die wickelte sich um seinen Hals und erwürgte ihn; dann schlüpfte sie zum Käfig hinaus und verkroch sich in die Erde.

Die beiden Grasmücken aber bauten sich ihr zerrissenes Nest wieder und lebten noch lange in Frieden und Eintracht beieinander.

Prinz Siegmund.

Es war einmal ein König, der hieß Christoph und beherrschte eine große, fruchtbare Insel im weiten Meer. Seine Gemahlin aber gebar ihm ein Söhnlein; das nannte er Siegmund. In jenem Land wohnten drei Schwestern auf einem Berg, die waren so alt, daß auch die ältesten Leute der Insel sie nicht jung gesehen hatten. Sie verstanden das Verborgene zu offenbaren und hatten einen Spiegel, in dem war die Zukunft abgebildet. Sie konnten also einem jeden voraussagen, was ihm in späteren Jahren Wunderbares widerfahren werde. Drum wurden sie in großen Ehren gehalten, und wenn Eltern mit einem Söhnlein oder einem Töchterlein beschenkt wurden, so gingen sie zu den drei Schwestern; die sagten ihnen, was aus ihrem Kinde werden würde. Daher ging auch der König Christoph einige Zeit darauf zu den drei Schwestern und sprach: „Ich habe gehört, daß ihr das Verborgene offenbart und in dem Spiegel der Zukunft seht, was einem jeden begegnen wird; so sagt mir doch, was wird aus meinem Söhnlein werden?" Da schüttelten die drei Schwestern ihre grauen Häupter, sahen in den Spiegel und sprachen: „Dein Sohn wird dich nicht kennen, und wenn er dich kennt, wird er dich umbringen!" Da faßte der König Christoph einen schweren Haß gegen das Kindlein, ging heim und ließ seinen Schäfer rufen; der weidete des Königs Schafe auf den Bergen. Dem sagte er: „Dies Kind nimm und leg' es in den wildesten Wald, wo die reißenden Tiere hausen, und sieh morgen wieder nach; wenn sie es gefressen haben, so bring' mir als Zeichen ein paar Knöchelchen mit!" Das versprach ihm der Hirte zu tun und trug das Kindlein hinaus in den wilden Wald. Wie er es aber hinsetzen wollte, da jammerte ihn des armen Geschöpfs und es

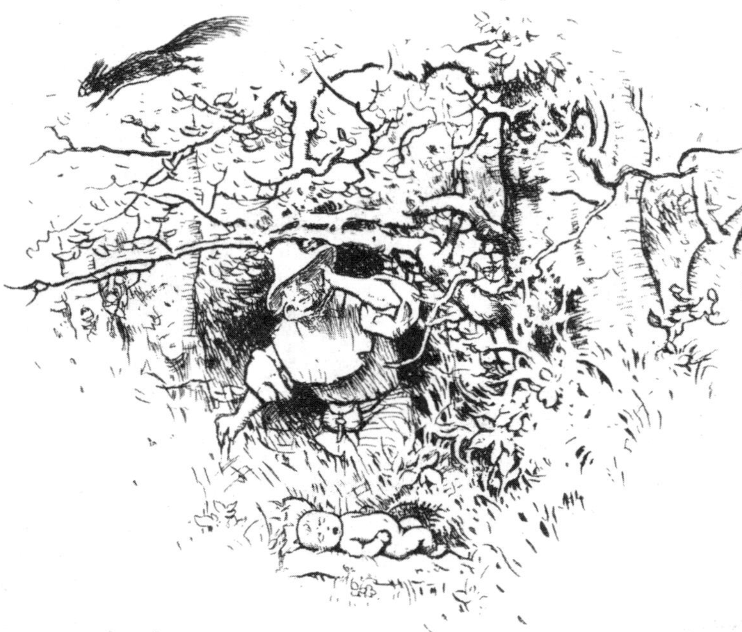

reute ihn, daß er dem Willen des Königs nachgegeben hatte. „Wie wäre es", dachte er, „wenn ich das Kind heimlich erzöge? Der König kann nicht wissen, ob es mein rechter Sohn ist oder nicht; denn wir wohnen so abgelegen und einsam, daß niemand auf die Spur kommen wird, und so habe ich doch ein armes Kind vom schmählichen Tod gerettet." Da nahm er das Kind und trug es heim zu seiner Frau und sagte ihr: „Sieh, da habe ich draußen im Wald ein Kind gefunden; es hat mich gejammert, daß es so verlassen umkommen soll; drum hab' ich's mitgebracht; ich denke, wo sechse essen und schlafen, da wird wohl auch noch das siebente Platz finden!" Seine Frau

war damit zufrieden, gab dem Kindlein Milch zu trinken und kochte ihm einen Brei von Hafermehl; dann machte sie ihm ein Bettlein hinter dem Ofen und pflegte es wie ihr eigenes Kind.

Der Hirt aber ging den folgenden Tag auf den Berg; dort hatte er einmal ein Schäfchen begraben, das von den Felsen gestürzt und gestorben war; davon nahm er ein paar Knöchelchen und brachte sie dem König.

„Das sind des Kindes Knöchelchen", sagte er, „die wilden Tiere haben es zerrissen!" Da lobte ihn der König und entließ ihn mit reichen Geschenken

Der Knabe aber wuchs heran mit den anderen Kindern des Hirten, zog mit ihnen hinaus auf die Berge und half die Schafe des Königs hüten. Er war in allen Dingen sehr geschickt und keiner konnte schönere Rohrpfeifen verfertigen und lieblicher auf dem Horn blasen als er. Dabei war er sehr mutig und gewandt und kletterte auf die höchsten Bäume. Der Hirt, den er für seinen Vater hielt, hatte ihm eine Armbrust geschnitzt; damit ging er in den Wald und schoß Vögel und andere kleine Tiere. Er wußte auch allerlei Schlingen zu stellen, worin er Vögel fing; er zähmte sie und sie folgten ihm, wo er ging.

Eines Tages war er wieder in dem Walde; da sah er in einem

Busch eine Goldamsel sitzen. Sobald sie ihn wahrnahm, flog sie auf einen anderen Baum und, da er ihr immer begierig folgte, so lockte sie ihn weiter und weiter von seiner Herde ab in den Wald hinein. Die Goldamsel aber blieb immer sitzen, bis er ganz nahe bei ihr war, und flog erst wieder fort, wenn er sie schon zu erhaschen glaubte. Weil er sie jedoch gar nicht bekommen konnte, so dachte er wieder an den Rückweg, konnte ihn aber nicht mehr finden. Er rief seinen Kameraden; doch er bekam keine Antwort. Da stieg er auf einen hohen Baum und sah in der Gegend umher; aber er konnte nichts sehen als Wald und wieder Wald. Die Sonne neigte sich jedoch schon zum Untergang. Darum stieg er herab und beschloß, hier zu übernachten und am folgenden Morgen zu den Seinigen zurückzukehren. In seiner Hirtentasche fand er noch ein paar Kartoffeln und ein Stück Brot. Er suchte sich etwas dürres Holz, zündete ein Feuer an und briet' die Kartoffeln.

Als er aber so am Feuer saß und sah, wie die Flamme knisterte und der Rauch durch die Äste emporstieg, gewahrte er oben auf einem Zweig die Goldamsel, die ihn so irre geführt hatte. „Warte!" sagte er. „Du sollst mich nicht mehr anführen!" Da nahm er einen Feuerbrand und wollte sie damit totwerfen; aber sie fing den Feuerbrand mit dem Schnabel auf, flog herunter und legte ihn wieder aufs Feuer; dann setzte sie sich auf einen Stein Siegmund gerade gegenüber. Da merkte er, daß das keine gemeine Goldamsel sein könne, und blickte sie lange Zeit stumm an. Auf einmal aber flog der Vogel ihm dreimal um den Kopf, setzte sich in die Flammen und ein dichter Rauch verhüllte ihn ganz und gar. Aus dem Rauch jedoch erhob sich die Gestalt eines alten Mannes, der sprach: „Siegmund, folge mir!" Dann

nahm er einen Feuerbrand und schritt zu einer großen Eiche, die tat sich vor ihm auf und er trat hinein. Die Eiche war innen hohl und eine Wendeltreppe zog sich tief in den Boden hinab. Siegmund folgte dem Alten. Sie kamen endlich in ein Gemach, in dem war nichts als ein großer runder Spiegel, der mit einem Vorhang bedeckt war. Den nahm der Alte weg und hieß den Knaben in den Spiegel schauen.

Als Siegmund lange verwundert hineingeblickt hatte, fragte ihn der Greis: „Was siehst du?“ -- „Ich sehe ein prächtiges Gemach“, sagte der Knabe, „darin sitzt ein junger König auf dem Thron und hält einen goldenen Szepter in seiner Hand; um ihn herum aber stehen sechs Knaben und sechs Mädchen, die haben Blumenkränze in den Händen und scheinen ihm zuzurufen: „Heil unserm König!““ — „Dieser König wirst du einmal sein“, sagte der Alte, „wenn du tun willst, was ich dir sage!“ Da versprach Siegmund, ihm gehorsam zu sein. Der Alte aber führte ihn aus dem Gemach in einen langen, langen Gang, der schließlich auf einem sehr hohen Berg endete. Es war Nacht und sie setzten sich dort auf den Rasen. Kühle Winde spielten um sie und nach kurzer Zeit schlief der Knabe ein.

Die Sonne war eben aufgegangen und die frische Morgenluft strich über den Berg hin; da wachte der Knabe auf und sah verwundert umher; denn er wußte nicht, wo er war. Er saß in einer Laube, die von ein paar Sträuchern gebildet war, an denen sich wildes Geisblatt in die Höhe wand. Vor ihm lag eine weite, weite Ebene, die ein breiter Strom durchfloß. Eine Menge von Städten und Dörfern glänzten ihm entgegen und unten am Berg hörte er die Hirten blasen, die das Vieh auf die Weide trieben. „Ei, wo bin ich denn?“ sagte er zu sich. „Wie bin ich hieher gekommen?“ Indem er aber so überlegte, sah er auf einem Baum vor sich die Goldamsel sitzen. Nun erinnerte er sich schnell an den vergangenen Tag und das, was ihm da begegnet war. Die Goldamsel aber verschwand in dem Gebüsch und statt ihr trat wieder der Greis hervor. „Ich werde dich jetzt allein ziehen lassen!“ sprach er zu ihm. „Weiter kann ich dich nicht begleiten. Tu recht und scheue niemand! Damit du aber noch ein Andenken von mir hast, so nimm diesen Spiegel; den trag' auf deiner Brust und betrachte dich jeden Abend darin! Er hat Eigenschaften, die dir nicht lange unbekannt bleiben werden. Mehr brauche ich dir nicht zu sagen. Leb' wohl!“ Mit diesen Worten verschwand der Greis und Siegmund stieg vom Berg hinab in die Ebene.

Er wanderte selbigen Tags noch sehr weit und kam endlich bei einer großen Stadt an; es war aber bereits Nacht geworden und die Tore waren verschlossen. Da dachte Siegmund: „Wenn ich nur irgendwo ein Haus sähe, in dem ich die Nacht über bleiben könnte. Doch hier ist alles wie ausgestorben!" Er wanderte noch ein Stück an der Mauer fort, welche die Gärten vor der Stadt umschloß, und kam an eine Türe, die führte in einen großen prächtigen Garten. Er versuchte, ob sie sich nicht öffnen ließe, und zu seiner großen Freude tat sie sich auf. Er trat hinein und befand sich in einem langen Laubgang, der führte zu einem kleinen Gebäude, das einem Tempel ähnlich sah. Seine Türe war verschlossen; aber vor einem Baum war ein weicher Rasensitz. Dort beschloß er zu übernachten. Bevor er sich jedoch niederlegte, zog er den kleinen Spiegel hervor, den ihm der Alte geschenkt hatte, und blickte hinein. Er sah darin sein eigenes Bild in hellem Tageslicht und wunderte sich sehr, weil der Spiegel einen Glanz von sich gab, daß alles um ihn her davon erleuchtet wurde. Froh über diese Entdeckung legte er sich zur Ruhe und schlief bald ein.

Er mochte aber noch nicht lang geschlafen haben, da fühlte er, daß ihn jemand am Arme faßte; er wachte auf und erblickte vor sich einen alten Mann mit einer Laterne — der fragte ihn, wie er in den Garten gekommen sei. Siegmund erzählte ihm alles genau und bat ihn, ob er ihm nicht erlauben wolle, bis morgen dazubleiben. Der Mann, dem der Knabe gefallen mochte, nahm ihn mit in sein Haus, das in einem dichten Gehölz stand. „Du kannst heute nacht bei mir bleiben!" sprach er und setzte ihm etwas zu essen vor, das sich der Knabe trefflich schmecken ließ. Dann führte er ihn in ein kleines Zimmer, wo ein Bettchen stand, und wünschte ihm gute Nacht. Siegmund legte sich nieder und schlief, bis die Sonne schon hoch am Himmel war. „Das heißt aber lange schlafen!" sagte er und kleidete sich schnell an, um von seinem freundlichen Wirt Abschied zu nehmen. Dieser aber sprach: „Hör', Knabe, wenn es dir gefällt, so bleib' bei mir! Ich brauche gerade so einen Jungen, wie du bist, der mir im Garten hilft. Du sollst es gut bei mir haben!" — Da versprach ihm der Knabe, zu bleiben.

Der Mann aber war ein Gärtner, der des Königs Garten zu besorgen hatte. Des Morgens und Abends mußte Siegmund die Zitronenbäume und Blumen begießen, die wie ein ordentlicher Wald in dem Garten gepflanzt waren. Am Mittag durfte er dort herumgehen und arbeiten, was er wollte. Er besah dann die schönen Springbrunnen und die Vogelhäuser mit den wunderschönen Vögeln, die Teiche mit den weißen Schwänen und den glänzenden Goldfischen.

Er hatte aber bald Freundschaft geschlossen mit einem anderen Knaben, der kam des Nachmittags zu ihm in den königlichen Garten. Einmal standen sie an dem Teich, in welchem die Goldfische waren, und schauten zu, wie diese lustig auf und ab schwammen, und warfen ihnen Brosamen hinein. Da sagte der Nachbarsknabe: „Wenn ich doch so ein Fischlein hätte! Du könntest mir wohl eins davon geben; ihr habt ja so viele!“ — „Das darf ich nicht!“ entgegnete Siegmund. „Sie gehören dem König und ich darf nicht verschenken, was nicht mein ist!“ — „Ei, was tut's denn?“ sagte der andere. „Auf einen Fisch wird es nicht ankommen! Ich schenk' dir auch einen recht schönen Vogel dafür!“ Da dachte Siegmund: „Nun, das wird nichts zu sagen haben!“ Er haschte also mit leichter Mühe einen Fisch heraus. Der

Nachbarsknabe aber trug ihn fort und brachte ihm einen schönen gelben Vogel; es war eine Goldamsel.

Wie nun Siegmund die Goldamsel sah, da ward ihm doch sonderbar zu Mute und er dachte an die Warnung des Alten, als er ihn am Berg verlassen hatte. Er schämte sich aber, den Goldfisch zurückzufordern, und trug den Vogel in sein Zimmer. Am Abend, als er sich eben schlafen legen wollte, blickte er noch einmal in seinen Spiegel, wie ihm der Alte gesagt hatte.

Da sah er erschreckt auf seiner Stirne einen schwarzen Flecken. Anfangs glaubte er, das läge wohl am Glas, urd rieb daran; aber der Fleck wollte sich nicht abwischen lassen. Wie er jedoch nochmals an dem Glas rieb, da hüpfte die Goldamsel aus dem Käfig heraus und verwandelte sich in den Alten, der mit ernstem Gesicht und drohendem Finger den erschrockenen Knaben anredete: „Siegmund, Siegmund! Hast du mir nicht versprochen, treu und redlich zu sein? Glaub' mir, der Spiegel trügt nicht und der Fleck ist nicht im Glas, sondern in deiner Seele!" Da erkannte Siegmund, wie sehr er gefehlt hatte, als er den Goldfisch verschenkte. Er bat den Alten unter Tränen um Verzeihung und versprach ihm aufs Heiligste, nie wieder etwas Ähnliches zu tun. Der Alte ließ sich durch seine Reue bewegen; er griff in die Tasche und holte einen Goldfisch hervor. „Setz' den in den Teich", sagte er, „und hüte dich in Zukunft vor den Flecken!"

Siegmund tat, wie ihm der Alte gesagt hatte, und ließ sich niemals mehr etwas zu Schulden kommen.

Er hatte aber schon mehrere Jahre bei dem Gärtner gelebt und war zu einem kräftigen Jüngling herangewachsen. Da kam eines Tages der König in den Garten und der Gärtner führte ihn umher und zeigte ihm alles, was neu angelegt war; denn es war schon lange Zeit, daß der König den Garten nicht mehr besucht hatte. Er kam auch zu einem Apfelbaum, den er einst in seiner Jugend gepflanzt und mit einem Zaun umgeben hatte. Der Baum trug dieses Jahr zwölf Äpfel, gelb mit purpurroten Punkten. Das freute den König sehr, so daß er dem Gärtner befahl, sie wohl zu hüten, damit keiner gestohlen würde. „Ich werde in ein paar Tagen wiederkommen und sie abbrechen!" sagte er und verließ den Garten.

Der Gärtner kannte aber die heftige Gemütsart des Königs und beschloß daher, Tag und Nacht zu wachen, damit ja keiner der Königsäpfel entwendet würde. „Wir wollen abwechseln!" sagte er zu Siegmund. „Wach' du die Hälfte der Nacht und die Hälfte des Tages, so will ich die andere Hälfte wachen!" Also wachten sie drei Tage und Nächte. Am vierten aber, als der Gärtner bei dem Baum stand, hörte er in einem andern Teil des Gartens ein großes Geschrei und mehrere Menschen um Hilfe rufen. Da lief er schnell in diese Gegend und sah, wie zwei Knaben, die immer um den König waren, einen ihrer Kameraden aus dem Teich zogen, in den er gefallen war. Der alte Gärtner half ihnen dabei und führte den Knaben, der ins Wasser gefallen war, in sein Haus und ließ seine Kleider am Feuer trocknen; er selbst aber ging eilig zu dem Apfelbaum zurück.

Als er jedoch hinkam, sah er, daß sechs der Königsäpfel verschwunden waren. „Ich bin verloren!“ schrie er. „Ich bin verloren, wenn der König erfährt, daß die Äpfel fehlen!“ So jammerte er und rannte wie wahnsinnig um den Baum herum. Auf sein Geschrei eilte Siegmund hinzu und fragte, was es gebe. „Siehst du nicht“, sagte der Alte, „daß nur noch sechs Äpfel da sind! Wir sind beide verloren, wenn der König kommt!“ Siegmund versuchte, ihn zu trösten, und versprach, den König zu beruhigen; aber es half nichts — der Gärtner war untröstlich und in demselben Augenblick trat auch schon der König in den Garten, begleitet von allen seinen Pagen, die ihn bedienten. Der Gärtner senkte den Blick zur Erde und erwartete sein Urteil.

„Was fehlt dir?“ fragte ihn der König. Der arme Alte konnte kein Wort hervorbringen, sondern deutete nur mit der Hand auf den Baum; die andere aber legte er aufs Herz und sprach: „Ich bin unschuldig!“ Da blickte der König nach dem Apfelbaum, runzelte die Stirne vor Zorn und sprach: „Wenn du mir den nicht schaffst, der die Äpfel gestohlen hat, so strafe ich dich statt jenem!“ Damit ging er weiter. Der Gärtner stand da in stummer Verzweiflung. Wie war es ihm möglich, den Schuldigen zu finden? Er hatte niemand gesehen. „Ich bin verloren!“ rief er aus. „Keiner kann mich retten!“

Siegmund betrübte sich sehr über das Unglück seines geliebten Herrn. Er ging herum und sann auf Mittel, den Dieb zu entdecken; aber er fand nichts. Der Tag verstrich und er hatte noch nichts ausgedacht. Als er aber am Abend wie gewöhnlich in seinen Spiegel sah, kam ihm ein Gedanke, der ihm Hoffnung gab. „Wenn der Spiegel mir meine Vergehen anzeigt“, dachte er, „so wird er es wohl auch bei anderen tun. Geschwind zu dem König!“ So dachte er, schlich sich heimlich und schnell in den Palast und begehrte, mit dem König zu reden.

Als er vor ihm stand, warf er sich nieder und sprach: „Gnädiger Herr, das Mitleid mit Eurem alten unschuldigen Diener führt mich zu Euch; erlaubt, daß ich in dem Palast den suche, der die Äpfel entwendet hat!“ „Das magst du tun!“ sprach der König. „Aber kannst du den Schuldigen mir nicht nennen, daß er sein Vergehen selbst eingesteht, so erhältst du seine Strafe! Ich will alle meine Diener zusammenrufen lassen; da such' den Dieb, wenn du kannst!“ Darauf ließ er Siegmund in einen Saal führen und alle seine Diener mußten nacheinander hineintreten. Siegmund aber hielt einem jeden den Spiegel vor und sagte: „Wer frei ist von Schuld, der sieht sein klares Angesicht; wer sich aber des Vergehens bewußt ist, dem wird ein schwarzer Fleck die Stirne bedecken!“ Es sahen viele hinein und

erblickten nichts als ihr Angesicht; endlich jedoch kam auch ein Knabe, den liebte der König sehr. Als ihm aber Siegmund den Spiegel vorhielt, da ward er blaß und trat zurück; denn er sah, daß ein großer schwarzer Fleck auf seiner Stirne stand. „Nun, wer ist der Dieb?“ fragte Siegmund. — „Ich bin's!“ stotterte der Knabe und sank vor ihm nieder. „O, bitte für mich beim König; sonst bin ich verloren!“ Da ging Siegmund zum König und stellte ihm den Knaben vor. „Gnädiger König!“ sagte er. „Der ist's, der die Äpfel genommen hat!“

Der König aber wollte seinen Augen nicht trauen. „Ist es möglich“, rief er aus, „daß du, den ich mit Wohltaten überhäuft habe, so schändlich mein Gebot übertreten konntest?! Man nehme ihn und hänge ihn an seinem Hals an jenen Apfelbaum!“ Da fiel Siegmund vor dem König nieder und sprach: „O, seid gnädig, edler Herr, und vergebt ihm noch diesmal! Vergeben ist besser als strafen und gütig sein besser als zürnen!“ Und der König ließ sich bewegen und verzieh dem Knaben. Zu Siegmund aber sprach er: „Du bleibst fortan bei mir; ich kann deine Dienste noch oft brauchen!“

Da blieb Siegmund am Hofe und ward geachtet wie die anderen königlichen Diener und Räte. Sein Spiegel aber wurde noch oft gebraucht und die Furcht vor Entdeckung war so groß, daß kein Bösewicht es mehr wagte, ein Vergehen zu verüben. So kam es, daß Siegmund dem König täglich lieber und unentbehrlicher wurde.

Eines Tages ließ ihn der König zu sich rufen und schloß sich mit ihm in ein Zimmer ein. Er sprach zu Siegmund: „Ich vertraue deiner Verschwiegenheit, indem ich dir ein Geheimnis mitteile. Ich bedarf deines Rates und deines Beistandes. Doch mußt du mir bei Verlust deines Lebens versprechen, niemandem ein Wort von dem zu entdecken, was ich dir sagen werde!" Da versprach ihm Siegmund, das Geheimnis auf das Verschwiegenste zu bewahren. „Nun denn", sagte der König, „so höre! Ich hatte einst einen Sohn, den habe ich unter die wilden Tiere setzen lassen, weil man mir sagte, er würde mich einmal töten. Diese Tat hat mich seitdem sehr gereut und ich hätte vieles darum gegeben, wenn es nicht geschehen wäre. Ich habe nun keinen Sohn, der mich im Alter unterstützen könnte; ich habe keinen Nachfolger, dem ich dereinst, wenn ich sterbe, Krone und Reich übergeben kann; meine Statthalter werden sich dann um die Länder streiten und Unheil und Blutvergießen wird die Folge davon sein. Das habe ich mir gestern wieder lebhaft gedacht; ich schlief darüber ein und hatte einen Traum.

Ein alter Mann, so schien es mir, trat auf mich zu und sagte: „Sieh, dein Sohn lebt noch!" Ist nun das nur eine Täuschung oder ist es Wahrheit? Ich konnte nicht mehr schlafen. Ich schickte sogleich nach dem Hirten, dem ich einst den Knaben zum Aussetzen gegeben hatte; allein der war längst tot und seine Kinder hatten sich zerstreut. Darum mach' du dich auf, reise durch mein ganzes Land und erkundige dich, ob du nichts von meinem Sohn Siegmund hörst! Kannst du mir ihn zurückbringen, so sei meines ewigen Dankes gewiß!" Damit entließ ihn der König und der Jüngling rüstete sich noch in der Nacht zur Abreise.

Am folgenden Morgen ritt er zum Tor hinaus, begleitet von zwei Dienern, die er sich auserlesen hatte; ohne zu wissen, wohin er ziehen sollte, ritt er dem Sonnenaufgang zu und kam gegen Mittag an ein kleines Gehölz. Da die Sonne so warm schien, stieg er mit seinen Dienern ab und lagerte sich im Gras an einer Stelle, wo man die Aussicht auf ein kleines Tal hatte. In dem Tal stand ein einziges Haus und ein paar muntere Jungen weideten Schafe und Ziegen auf den nahen Höhen. Da ergriff ihn ein sonderbar wehmütiges Gefühl; es regte sich in seinem Innern, als er den Ton der Rohrpfeifen hörte, und es kam ihm vor, als ob er in seiner Jugend schon einmal hier gewesen wäre und die Schafe gehütet hätte.

Wie er so nachdenklich um sich blickte, nahte ein Wanderer, lagerte sich unter einem Baum, zog ein kleines Buch heraus und las darin gar eifrig. Dabei lachte er bisweilen und schien dann wieder sehr betrübt zu sein. „Darf man wohl wissen", fragte ihn Siegmund, „was für ein Buch das ist, in dem ihr so eifrig lest?" — „O ja", sagte der Wanderer, „es ist die Geschichte des Prinzen Siegmund, der unter dem Wasser leben soll und von dem man allerlei erzählt. Vor ein paar Tagen bin ich an das Meeresufer gekommen, wo ein steiler Fels in die Luft hinausragt; dort saß ein alter Mann, der sagte mir, da unten sei noch eine Welt und der Prinz lebe darin; dann schenkte er mir dies

Büchlein!" Da erkundigte sich Siegmund genau nach dem Ort und der Fremde beschrieb ihm alles so deutlich, daß er gar nicht irren konnte.

Nun machte er sich sogleich auf und am dritten Tag kam er dorthin. Ein hoher Felsen ragte in das Meer hinaus und die Wellen schlugen an ihn und brausten ohne Aufhören. Siegmund stand lange, sah in das schäumende Meer hinab und dachte sich: „Da drunten soll der Prinz wohnen? Wie soll ich da hinunterkommen?" Er setzte sich nieder und wartete, ob nicht vielleicht der Alte erscheinen möchte, von dem ihm der fremde Wanderer erzählt hatte. Aber er kam nicht. Da wurde es Nacht und der Mond schien am Himmel und leuchtete in stillem Glanz auf das Meer herab. Mit einem Mal rauschte das Wasser mächtig auf und aus den Fluten tauchte ein Greis empor und kletterte mit großer Geschwindigkeit an dem Felsen hinauf.

Als er vor ihnen stand, winkte er sogleich den beiden Dienern Siegmunds, sich zu entfernen; zu ihm selbst aber sprach er: „Ich weiß, warum du gekommen bist; du willst den Prinzen befreien, der hier schon lange gefangen sitzt; es wird dir aber nicht so leicht gelingen und du kannst dein Leben dabei verlieren. Darum will ich dir einen Vorschlag machen, der für uns beide sehr vorteilhaft ist und dich nur ein kleines Opfer kostet; du ziehst wieder nach Hause zu dem König Christoph und erklärst ihm, ich hätte dir gesagt, du seist sein Sohn! Er wird es dir gewiß glauben; denn ich

werde ihm noch einmal im Traum erscheinen, wie ich ihm schon erschienen bin. Darüber wird er eine große Freude haben und wird dich zu seinem Mitregenten erklären; wenn er dann stirbt, bist du König! Den eigentlichen Prinzen will ich schon so bewachen, daß er das Tageslicht nicht mehr erblicken soll. Für diesen großen Dienst verlange ich gar nichts als das Leben deiner beiden Diener. Du stürzest sie ins Meer und sagst, wenn dich der König je nach ihnen fragen sollte, sie seien zufällig umgekommen; denn ich bin ein Meergreis und muß alle paar Jahre einige Menschen haben, die mir auf diese Weise geopfert werden, und da du siehst, daß ich große Gewalt besitze und nicht undankbar bin, so könntest du mir wohl den Gefallen tun!"

Er wollte noch weiter reden; aber Siegmund sprach voll Zorn: „Wie, du, schändlicher Greis, willst mich durch deine Versprechungen anlocken, daß ich den König belüge und meine treuen Diener dir opfere? Mach' dich davon oder ich stoß' dir mein Schwert durch den Leib!" — „Das wirst du wohl bleiben lassen!" sagte der Alte. „Ein menschliches Schwert kann mir nichts anhaben und meine Macht ist so groß, daß ich dich im Augenblick vernichten kann, wenn ich nur will. Aber ich bin großmütig und lasse mich sogar zu Bitten herab, wo ich dich doch durch Gewalt zwingen könnte. Wenn du mir nicht deine zwei Diener geben willst, so gib mir wenigstens einen und ich verspreche dir alle Schätze des Meeres! Ich will dir einen Palast von Perlen bauen und ihn mit Diamanten besetzen; aber gib mir einen deiner Diener!" — „Mach' dich fort, Unverschämter!" schrie Siegmund und rief seine Diener herbei.

Da blitzte es am klaren Himmel, das Wasser hob sich in die Höhe und eine Wolke sank herab und vereinigte sich mit dem Meere. Wo sie aber zusammenhingen, bildete sich eine Säule, die sich im Wirbel herumdrehte und Siegmund näherte. Er hatte nicht mehr Zeit, zu entfliehen. Der Wirbel erfaßte ihn und zog ihn im Kreise unter die Wellen. Als er wieder zu sich kam, war er in einem Gemach, dessen Wände waren von Perlmutter; daran hing ein großer Spiegel, den ein grüner Vorhang bedeckte. Vor ihm aber stand der Greis, mit dem er oben auf dem Felsen gesprochen hatte. „Siegmund", redete er ihn mit sanfter Stimme an, „kennst du mich?" — „Ja, ich kenne dich", sagte Siegmund, „und ob ich gleich in deiner Gewalt bin, so werde ich doch nie deinen Willen tun!" Da lächelte der Alte und sprach: „Ich freue mich, daß du mein Wort so wohl bewahrt hast, das ich dir mitgab, als ich dich durch den Felsengang auf jenen Berg führte: „Tu' recht und scheue niemand!" Ich wollte sehen, ob der Ehrgeiz dir mehr gilt als die Pflicht; du hast deine Probe glücklich bestanden. Du bist also entschlossen, den Prinzen Siegmund seinem Vater zurückzubringen — wohlan denn, hier ist er!"

Mit diesen Worten zog er die Decke von dem Spiegel weg und Siegmund erblickte darin sein eigenes Bild. Darauf erklärte ihm der Alte, wie es mit seiner Geburt zugegangen war und wie der Hirte ihn erzogen und wie er selbst ihn als Goldamsel durch die Erde auf jenen Berg geführt hatte. „Jetzt zieh' wieder heim!“ sagte er. „Der König wird dich als seinen Sohn erkennen!“ Dann nahm ihn der Alte bei der Hand und führte ihn durch einen langen Gang aufwärts, und als er sich umsah, stand er auf dem Felsen, wo seine Diener eingeschlafen waren. Da weckte er sie auf, damit sie die Pferde sattelten; dann ritten sie eilig der Stadt zu.

Unterdessen war aber dem König Christoph der Alte wieder im Traum erschienen und hatte ihm erklärt, daß Siegmund sein Sohn sei. Da wußte sich der alte König vor Freude nicht zu fassen. Er rief alle seine Diener zusammen und zog am frühen Morgen hinaus seinem Sohn entgegen. Seine Augen spähten auf der Ebene umher; aber er sah ihn nicht. Als sie jedoch gegen Mittag um eine Bergecke bogen, da hielt Siegmund mit seinen Dienern vor ihm. „Mein Sohn!“ rief der Alte im höchsten Entzücken und ließ sich geschwind vom Pferde helfen; aber seine Füße wollten ihn nicht mehr weiter tragen. Da sprang Siegmund schnell vom Pferd und eilte zu ihm hin. „Mein

Sohn!“ sprach der König. „Ich habe dich endlich wieder gefunden, nach dem ich so lange suchte. Aber die Weissagung wird in Erfüllung gehen: „Er wird dich nicht kennen, und wenn er dich kennt, so wird er dich töten!“ sprachen

die drei Schwestern. Ach, nun tötet mich die Freude!" Dann ließ der König Christoph sein Haupt sinken und starb. Siegmund betrauerte seinen Vater von Herzen. Er brachte ihn in die Stadt und verließ drei Tage sein Lager nicht; am vierten aber ward der König begraben mit aller Pracht, und die ganze Stadt folgte dem Leichenzuge. Darauf wurde Prinz Siegmund zum König ausgerufen. Als er nun König war, suchte er die Kinder des Hirten auf, der ihn erzogen hatte, nahm sie zu sich an seinen Hof und ließ einem jeden einen eigenen Palast bauen. Dem alten Gärtner aber, bei dem er gearbeitet, schenkte er den ganzen Garten; bloß den Apfelbaum, der die Königsäpfel trug, behielt er für sich. Geliebt und geehrt von seinem Volke lebte er noch viele Jahre und erreichte ein hohes, glückliches Alter.

Das Schneiderlein und die zwölf Rothöschen.

Es war einmal ein Schneiderlein, das saß in seiner Werkstatt auf einem Tisch und nähte fleißig darauf los.

Zu diesem Schneider kam einst ein Mann, der trug über den Arm ein rotes Tuch und sprach: „Meisterlein, könnt ihr mir nicht aus diesem Stück ein Paar Hosen machen?“ — „O ja!“ sagte das Schneiderlein und maß das Stück am Arm aus.

„Vielleicht gäbe es auch zwei Paar?!“ sagte der Mann. Da nickte das Schneiderlein mit dem Kopf, lächelte und sagte: „O ja, das kann geschehen!“ Da dachte der Mann: „Seht doch, was das für ein Schalk ist; hätte ich's bei einem

Paar gelassen, so hätte das Schneiderlein den Rest für sich behalten!" — „Aber es gibt vielleicht gar drei Paar?" fragte er das Schneiderlein. — „O ja!" meinte dieses und lächelte schelmisch.

Da fuhr der Mann fort, mit ihm zu handeln, und das Schneiderlein erbot sich endlich, ihm ein Dutzend Hosen aus dem Stück Tuch zu verfertigen. „Bis morgen könnt ihr sie haben!" sagte er und der Mann ging weiter.

Als der Fremde fort war, fuhr das Schneiderlein mit seiner Schere in das Tuch und schnitt und schnitt, bis die zwölf Höslein in Stücken dalagen. Dann setzte er sich hin und nähte Tag und Nacht und ruhte nicht, bis er fertig war; wie er aber das letzte Paar an den Nagel gehängt hatte, da tat er einen großen Biß in ein Butterbrot und sprach mit sichtbarem Wohlgefallen: „Nach getaner Arbeit ist gut ruh'n; der Fremde wird sich über meine Geschicklichkeit wundern!" Der kam, wie er gesagt hatte, und fragte nach seinen zwölf Paar Hosen.

„Da sind sie!" sagte das Schneiderlein und hob sie mit seiner Elle herunter. „Es ist ein Paar schöner als das andere!" Die zwölf Höschen waren aber so klein ausgefallen, daß das Schneiderlein eines in die Hand nahm, die zwei Finger durch die Beine steckte und den Daumen der anderen Hand dahinter hielt; da sah es aus wie ein Männchen.

„Seid ihr zufrieden mit meiner Arbeit?" fragte er. — „Ihr seid ein Schelm, Meister, aber ein Schelm, wie ich ihn brauche. Kommt mit mir, ihr sollt es bei mir gut haben!" meinte der Fremde.

Da holte das Schneiderlein Sonntagsrock und Hut und vergaß auch den Knotenstock nicht, der in der Ecke hinter dem Ofen stand. Seine paar Habseligkeiten aber band er in ein Sacktuch; vor allem jedoch nahm er Nadel, Fingerhut und Schere zu sich. Auf die Spitze seines Hutes steckte er einen Knäuel Zwirn und sagte: „Man muß doch auch sehen, daß ich ein Schneider bin!"

Die beiden zogen miteinander fort und kamen am Abend in einen weiten Wald, in dem wohnte der Fremde. Da standen zwei Häuser; das eine war stattlich und groß, das andere winzig und klein.

An dem kleinen Hause aber waren Fenster und Türen wie an dem großen, und wie der Storch des großen Hauses sein Nest gebaut hatte, so hatte sich auf dem kleinen ein Zaunkönig niedergelassen und zwitscherte recht anmutig, wenn der langbeinige Storch sein altmodisches Lied herplapperte.

„Wer wohnt denn da in dem Häuschen?" fragte das Schneiderlein.

„Darin wohnen meine Kinder!" antwortete der Mann. -- „Euere Kinder?" sagte das Schneiderlein und sah ihn mit großen Augen an, so groß nämlich, wie ein Schneiderlein von seiner Statur Augen machen kann.

„Der Himmel steh' mir bei!" fuhr er fort. „Da müßte ich ja meinen Kopf zum Schornstein herausstrecken, wenn ich drin wäre, und bin doch auch keiner von den größten!" -- „Ja, so ist es!" sagte der Fremde und klatschte in die Hände; da kamen zwölf Männlein herausspaziert, etwas größer als eine Faust.

„Hier hab' ich euch was mitgebracht!" rief der Alte. „Das habt ihr eurem Oheim zu verdanken, der hier vor euch steht!" und zeigte dabei auf den Schneider. „Kommt her und küßt eurem Ohm die Hand!"

Das Schneiderlein wußte dabei nicht, was es sagen oder denken sollte. Es reichte aber doch seine Hand hin und sagte: „Kommt her, meine lieben Neffen, seid mir vielmals gegrüßt!" Da kamen sie herbei einer nach dem andern und hatten ihre große Not, bis sie dem Ohm die Hand herumdrehten; denn aus Ungeschick hatte er ihnen die innere Seite hingereicht. Sie brachten es aber doch am Ende fertig, und das Schneiderlein war recht

freundlich und vertraut mit seinen neuen Verwandten; darauf gingen sie miteinander in das große Haus und setzten sich an den Tisch zum Essen; die zwölf Rothöschen aber aßen an einem besonderen Tischlein und banden sorgfältig ein Tuch in das Knopfloch, um ihre neuen Hosen nicht zu beschmutzen.

Der Tisch war gedeckt und jeder hatte einen Teller und einen Löffel vor sich; doch es erschien niemand, der ihnen Speise brachte. Dem Schneiderlein wurde es ganz unheimlich im Magen; er saß und wartete und wartete; aber nichts wollte kommen.

Die andern jedoch aßen so eifrig von ihren Tellern, daß das Schneiderlein nicht wußte, was das bedeuten solle. „Ei, so eßt doch, Oheim!" sagte eines der Rothöschen. „Tut nur nicht so fremd! Denkt, ihr seid jetzt ganz bei uns zu Hause!" — „Ja, das ist eine Kunst!" sagte das Schneiderlein. „Wo nichts ist, kann man nichts nehmen; gebt mir nur erst etwas!" — „Ja so!" sagte der Alte. „Ich habe wirklich vergessen, Oheim, euch mit unserer Einrichtung bekannt zu machen;

wir leben von der Luft und speisen die Sonnenstrahlen. Das ist ein ganz vortreffliches Gericht, das den Körper immer wohl und gesund erhält. Daher kommt's, daß wir nie etwas von Krankheit spüren; wir haben kein Kopf- und kein Zahnweh, weder Brustbeschwerden noch Podagra und Bauchgrimmen; so habe ich immer gelebt und so ziehe ich auch meine Kinder groß!" „Ja man sieht's", sagte das Schneiderlein, „wie gut es bei ihnen anschlägt; aber aufrichtig gesagt, werter Gönner, nehmt mir's nicht übel, diese Lebensart scheint mir doch etwas mager zu sein und ich glaube, daß schon eine ordentliche Portion Sonnenstrahlen dazu gehört, um satt zu werden. Ich bin zwar nicht gegen das Neue eingenommen; aber es wäre mir doch eine Schüssel Sauerkraut mit einer Bratwurst lieber!" „Das versteht ihr nicht!" sagte der Alte. „Wer sich einmal an unsere Lebensart gewöhnt hat, der vertauscht sie um alles in der Welt nicht mit einer anderen; probiert's nur einmal!"

Als das Schneiderlein sah, daß nichts anderes kam, gab er sich in Geduld darein, aß von den leeren Tellern Sonnenstrahlen wie die anderen, wischte sich zuletzt den Mund mit seiner Serviette ab und sagte, um sich seinen neuen Verwandten gefällig zu erweisen: „Ihr habt recht, meine lieben Neffen, Sonnenstrahlen sind ein köstliches Essen!" Zugleich aber schnürte er seinen Gürtel um ein Loch fester zusammen, plauderte und vergaß darüber seinen nagenden Hunger.

Am Abend war der Tisch gar nicht gedeckt und das Schneiderlein sah auch diese Hoffnung schwinden, etwas in seinen hungrigen Magen zu bringen; denn er hatte gedacht, am Abend, wenn die Sonne nicht mehr scheine, könnten sie doch keine Sonnenstrahlen essen. Sie stellten sich aber alle ans Fenster und sahen den Mond eine Zeit lang mit offenem Mund an und versäumten nicht, das Schneiderlein einzuladen. „Wir haben des Abends kalte Küche", sagten sie, „aber es ist der Gesundheit sehr zuträglich; warme Speisen hindern die Verdauung und auf einige Mund voll Mondschein schläft sich's ganz vortrefflich!" — „Ihr habt ganz recht, meine werten Neffen!" sagte das Schneiderlein und tat, als ob er begierig den Mondschein einschlürfe; insgeheim zog er aber seinen Gürtel wieder um ein Loch zusammen und dachte dabei: „O, säße ich doch daheim in meinem Häuschen; da stünde ein Topf mit Kartoffeln am Feuer, woran ich mich laben könnte; hier ist's nicht auszuhalten!"

Er schwieg aber dennoch still und sagte, er wolle jetzt schlafen gehen, er sei etwas müd geworden. „Wir gehen sogleich mit euch!" sprach der Alte. Da führte er das Schneiderlein und die zwölf Rothöschen in ein großes

Zimmer; in dem stand aber weder Bett, Stuhl noch Tisch. „Ihr werdet wahrscheinlich auch nicht wissen, wie man hier schläft?“ sagte der Alte. „Seht, wir machen es so!“

Da stellte er sich mit den zwölf Rothöschen an die Wand und zog

ein Bein in die Höhe, so daß er nur noch auf einem stand. Dann faßte er den Ellenbogen des rechten Armes mit der linken Hand, den Zeigefinger der rechten Hand aber legte er auf die Spitze seiner Nase, machte die Augen zu und tat, als ob er schliefe. „Seht!“ sagte er zum Schneiderlein. „So schlafen wir und ich rate euch, es ebenso zu machen!“ — „Ländlich, sittlich!“ meinte das Schneiderlein und tat, was man ihm sagte. Lange hielt er es aber nicht aus; denn der Schlaf überwältigte ihn bald, so daß er auf den Boden sank.

Er schlief fest und wachte erst auf, als die Sonne zum Fenster herein schien und der Storch sein Morgenlied klapperte. Da rieb er die Augen und schaute um sich. Die Rothöschen waren mit ihrem Vater verschwunden; drum raffte er seine Habseligkeiten zusammen, nahm seinen Knotenstock und trat zum Haus heraus. Vor der Tür' aber stand der Alte mit den Söhnen; die frühstückten zusammen Sonnenstrahlen.

„Wollt ihr nicht auch eine Tasse trinken, Oheim?“ sagte der Alte. „Ich danke!“ erwiderte das Schneiderlein und zog seinen Gürtel wiederum enger zusammen. „Ich bin noch ganz satt von gestern abend; wenn ihr aber erlaubt, so will ich meine Reise weiter fortsetzen!“ — „Wie, unser wertester Oheim“, sagten die Rothöschen, „ihr wollt uns schon wieder verlassen? Ihr seid ja eben erst gekommen. Bleibt doch noch eine Zeit lang hier!“ — „Meine Kunden möchten sich indessen an einen anderen Meister wenden“, sagte das Schneiderlein, „wenn ich solange ausbleibe.“ — „Lebt recht wohl, lieber Oheim!“ riefen die Rothöschen nun. — „Lebt wohl, meine lieben Neffen, und besucht mich bald!“ Damit empfahl er sich ihnen und ging eilig durch den Wald. Er wußte aber gar nicht, wo er hinging, und wollte lieber an jedem andern Ort sein als bei diesen Sonnenscheinessern.

Den ganzen Vormittag hindurch marschierte er, ohne ein einziges Mal auszuruhen. Endlich setzte er sich müd und matt unter einen alten Eichbaum und seufzte: „Wenn ich doch nur ein Stückchen Brot hätte!“ und suchte alle seine Taschen durch. Er hatte aber nicht darauf acht gehabt, was um ihn vorging; denn als er wieder vor sich hinblickte, sah er auf dem Boden einen Laib Brot liegen, so schön und appetitlich, wie das Schneiderlein in seinem Leben je einen gegessen hatte. „Ei, wie geht denn das zu?“ rief er aus. „Wo kommt denn auf einmal das Brot her? Es war doch nicht da, eh' ich kam, und es hat mir's doch auch niemand gebracht? Aber was tut's? Ich habe seit gestern manches gesehen, was ich für ein Märchen halten würde, wenn es mir ein anderer erzählte; ich will mir's schmecken lassen!“

Damit zog er sein Messer heraus und schnitt sich ein tüchtiges Stück Brot herunter. Er kaute mit vollen Backen und meinte: „Das schmeckt doch ganz anders als Sonnenstrahlen; so ein Stück Schinken aber als Zugabe wäre auch nicht übel!“ Wie er das sagte, hörte er ein Geräusch, das ihn bewog, umzuschauen; es war aber nur ein Blatt, das von einem Baum gefallen war.

Als er jedoch wieder vor sich blickte, sieh, da lag ein großes Kohlblatt auf dem Gras und darauf ein prächtiger Schinken und eine große schöne Wurst sowie ein paar Semmeln. „Gesegnet sei die unsichtbare Hand“, rief er aus, „die mich so herrlich bedient; wahrlich, seit meiner Eltern goldener Hochzeit habe ich so prächtig nicht mehr gelebt; jetzt noch einen Schluck Wein und ich tausche nicht mit allen Königen der Welt!“ Er hatte aber kaum ausgesprochen, da fühlte er in seiner linken Rocktasche etwas Schweres; er griff schnell hinein und zog eine ganze Flasche Wein hervor. „Jetzt bin ich zufrieden!“ rief er im höchsten Entzücken und tanzte mit der Flasche im Kreis herum.

Dann zog er den Stöpsel heraus und tat einen tüchtigen Schluck. „Ach, ist der köstlich!“ lachte er. „So hat unser gnädiger Herr im Dorf keinen im Keller! Jetzt kommt mir noch einmal, ihr Sonnenscheinesser und Mondscheintrinker! Hier geht's anders zu als bei euch!“ — „Hahaha, du kleiner Narr!“ rief eine lustige Stimme hinter dem Gebüsch. „Sieh einmal, wer ist da?“ Zugleich trat der Sonnenscheinesser mit seinen zwölf Rothöschen hervor und wünschte dem Schneiderlein, dem vor Schreck die Weinflasche aus der Hand gefallen war, guten Appetit. „Seid mir willkommen!“ stammelte er endlich und verzog das erblaßte Gesicht so freundlich, als er es vermochte. „Wollt ihr euch nicht niederlassen, meine werten Neffen? Es ist mir leid, daß ich euch von meiner Mahlzeit nichts anbieten kann, da euch diese Speisen zuwider sind; geht aber nur hier vor den Wald hinaus, da scheint die Sonne recht warm vom Himmel herab und ihr könnt nach Herzenslust schmausen!“

So hoffte er, sie los zu werden; aber der Alte nahm ihn beiseite und sagte: „Meisterlein, laßt euch nicht bange werden; ich habe schon manchen

Fremden beherbergt; jedoch alle sind grob und unverschämt geworden, wenn ich sie gebeten habe, mit mir zu essen; ihr allein ward höflich und habt euren Hunger unterdrückt; ihr sollt dafür haben, was ihr begehrt!" — „Wertester Gönner!" sprach das Schneiderlein. „Vor allem bitte ich, mir etwas dauerhaftere Speisen zu geben, als ihr überirdischen Personen — denn das seid ihr allem Anschein nach — zu genießen pflegt! Zum Exempel, ich würde täglich mit so einer Mahlzeit zufrieden sein, wie ich sie heute gehabt habe!" — „Das soll euch werden!" sagte der Alte. „Denn was ihr eben gegessen habt, das kommt von mir; wißt, ich verstehe mich ein wenig darauf, etwas unsichtbar herbeizuzaubern!" — „Nun, wenn das ist", entgegnete das Schneiderlein, „so bin ich zufrieden! — Was soll aber dann mein Geschäft bei euch sein?" fragte er weiter. — „Ihr sollt meine Söhne in eurem Handwerk unterrichten!" sagte der Alte. „Ich habe immer sagen hören, Handwerk habe einen goldenen Boden; das sollen meine Söhne probieren!" — „Von Herzen gern!" erwiderte das Schneiderlein. „Ihr sollt Freude erleben an euren Söhnen, wenn sie mein Handwerk lernen!"

Dann packte er sein Bündel unter den Arm, nahm seinen Stock und wanderte mit dem Alten fort. Sie waren aber noch nicht weit gegangen, da sahen sie die zwei Häuser schon vor sich, von denen der Schneider des Morgens ausgezogen war. Denn in seiner Eile hatte er nicht acht gehabt und war in einem großen Kreis herumgelaufen. Der Alte führte ihn ins Haus und wies ihm ein hübsches Zimmer an; in dem stand ein Tisch und ein gutes Federbett; für die Söhne war aber da ein besonderes Tischchen mit zwölf kleinen Stühlen.

Das Schneiderlein begann alsbald sein Lehramt und die jungen Rothöschen machten so schnelle Fortschritte, daß nach wenigen Wochen schon drei die Wanderschaft antreten konnten. Ihr Vater aber steckte einem jeden einen Ring an den Finger und ließ sie ziehen.

Als zwölf Wochen vergangen waren, da waren auch die letzten drei Rothöschen als ausgelernte Schneider in die weite Welt gegangen.

Der Alte aber sprach: „Meisterlein, ich bin euch unendlichen Dank schuldig für das gute Werk, das ihr an meinen Söhnen getan habt, und ich weiß gar nicht, wie ich es euch vergelten soll. Geld habe ich keins und halte es auch nicht für würdig, damit so große Dienste zu belohnen. Ich will euch aber hier ein kleines Pfeifchen geben; das hat zwei merkwürdige Eigenschaften, die euch einst von Nutzen sein können. Blast ihr zum einen Ende hinein, so wird alles, was ihr nicht haben wollt, vor euch fliehen; pfeift ihr jedoch auf dem anderen Ende, so wird das, was ihr haben wollt, zu euch kommen!" — „Ich danke euch", sagte das Schneiderlein, „für euer schönes Geschenk; ich werde es gut brauchen können. So leer auch daheim mein Häuschen ist, so werde ich doch zuweilen von Mäusen und anderem Ungeziefer geplagt; das kann ich nun auf gute Art los werden!"

Damit schnallte er sein Ränzlein, nahm Abschied und, nachdem ihm der Alte den Weg gezeigt hatte, machte er sich auf nach der Heimat. Er kam ohne Hindernis nach Haus und fand seine Wohnung, wie er sie verlassen. Nachdem er von den mitgebrachten Lebensmitteln eine gute Abendmahlzeit gehalten hatte, legte er sich nieder; den andern Morgen saß er aber schon wieder vor seiner Tür' und arbeitete so fleißig darauf los wie früher.

Als die Nachbarn und Freunde von seiner Ankunft hörten, kamen sie und brachten ihm Arbeit; doch Meister Schneiderlein konnte sich nicht mehr recht an die Heimat gewöhnen. Er hatte jetzt schon ein Stück von der Welt gesehen und die Begierde, weiter zu kommen, wurde allgemach so stark in ihm, daß er eines Morgens wieder sein Ränzel schnallte, den Knotenstock zur Hand nahm, die Haustür' zuschloß und lustigen Sinnes davonging. An Lebensunterhalt konnte es ihm nicht fehlen; denn wenn er Hunger spürte, so pfiff er mit dem Pfeifchen und sogleich kamen ein paar Feldhühner oder Krammetsvögel herbeigeflogen; die rupfte er sich, zündete ein Feuer an und briet sie. So lebte er im Überfluß und zog neu gestärkt von dannen.

Am dritten Tag gelangte er in einen Wald; da waren Räuber, die wollten ihn umbringen. Meister Schneiderlein pfiff auf seinem Pfeifchen und die Räuber liefen über Hals und Kopf davon. Eines Tages aber hatte sich das Schneiderlein am Fuß eines Berges gelagert und unter einer alten Eiche sein Mittagsschläfchen gehalten.

Als er jedoch weiterging, ließ er unglücklicherweise sein Pfeifchen liegen. Er merkte es nicht, sondern stieg munter den Berg hinan, bis er auf der Höhe war. Dort wohnte ein roher wilder Mann, der pflegte alle Fremden, die sich hieher verirrten, in ein tiefes Loch im Berg zu werfen, aus dem niemand mehr herauskam. Er saß immer vor seiner Tür' und kämmte seinen langen, langen Bart; neben ihm aber lag ein weißer Stab, an dem ein Gemshorn befestigt war. Der Stab hatte die Eigenschaft, daß er länger und kürzer werden konnte; kam nun ein Fremder in seine Nähe, so streckte er den Stab nach ihm aus und zog ihn am Kragen herbei. Also erging es auch dem armen Schneiderlein.

Der alte Graubart hatte ihn kaum erblickt, da wuchs der Stab zu einer langen Stange und packte ihn beim Nacken. Schnell griff das

H. V
1905

Schneiderlein nach seinem Pfeifchen; aber er suchte vergebens. In aller Geschwindigkeit durchwühlte er seine Säcke; das Pfeifchen jedoch war nicht zu finden, und als er eben die letzte Tasche umwendete, hatte ihn auch der Alte schon zu sich herangezogen. „Was bist du denn für ein sonderbarer Geselle?“ redete er ihn in barschem Ton an. „Ich bin meines Handwerks ein Schneider“, sagte er, „und steh' euch mit meiner Geschicklichkeit zu Diensten!“ — „Ach so“, rief der Alte, „solche Leute kann ich brauchen. Ich hab' da einen Sack, worin ich meine Hirse aufbewahrt habe. Er ist vor Alter schon ein bischen durchlöchert; den kannst du mir flicken; hüte dich aber, daß du kein Loch übersiehst! Wenn ein einziges Körnlein durchfällt, so bist du verloren!“

Da ward es dem Schneiderlein sehr angst und bange. Doch ließ er sich's nicht merken, sondern sagte: „Gebt ihn nur her; ich will gleich damit fertig sein!“ Nun reichte ihm der Graubart einen alten zerlumpten Sack, der hatte viel hundert Löcher. Das Schneiderlein ließ sich aber nicht abschrecken, sondern fing an, zu nähen und zu nähen, wendete den Sack nach rechts und wendete ihn nach links und fuhr mit der Nadel so weit aus, daß sich der Alte über seine Geschicklichkeit gewaltig wunderte. Endlich glaubte er fertig zu sein; er besah den Sack von allen Seiten und konnte nirgends mehr ein Loch entdecken.

„Die Arbeit wäre getan“, sagte er, „jetzt gebt mir meinen Lohn!“ Da schöpfte der Alte von einem Haufen Hirse, der daneben lag, etwas in den Sack und hielt ihn in die Höhe. Aber zu des Schneiderleins Schrecken lief die Hirse heraus auf die Erde. „Komm, ich will dir den versprochenen Lohn geben!“ schrie der Alte. „Da unten sollst du mehr Arbeit finden!“ Mit diesen Worten packte er das Schneiderlein, steckte es in den Sack und warf ihn in das Loch hinunter.

Es dauerte lange Zeit, bis das Schneiderlein seine fünf Sinne wieder beisammen hatte. Das erste, was er tat, war, daß er seine große Schere herauszog und ein Loch in den Sack schnitt. Dann schlüpfte er heraus und sah sich um. Er befand sich in einer weiten Höhle, in welcher viele tote Menschen lagen, die der Alte hinabgeworfen hatte. Das Schneiderlein war aber in großer Angst, wie es da herauskommen sollte; nirgends konnte es einen Ausgang finden. Zudem war es fast ganz dunkel um ihn her; denn das Licht von oben reichte kaum hin, um die verworrenen Gestalten zu unterscheiden. Wie er aber so in Verzweiflung dasaß, sah er plötzlich, daß ein Fuchs an einem Leichnam nagte. Da ging ihm ein Hoffnungsstrahl auf. „Wo ich hereingekommen bin“, dachte er, „da kann ich auch hinaus!“ Er schlich sich also leise hinzu und packte den

Fuchs beim Schwanz; der Fuchs aber lief mit ihm in einen engen Gang, der mit einem Loch endete, das, obgleich das Schneiderlein sehr schmächtig war, doch für ihn zu klein gewesen wäre, um hindurchzukommen. Allein er wußte sich zu helfen, indem er mit seiner Schere nach rechts und nach links stieß; so arbeitete er sich zum Berg hinaus.

Zu verwundern war es, daß er gerade da herauskam, wo er am Mittag sein Schläfchen gehalten hatte. Da fand er zu seiner großen Freude sein Pfeifchen wieder. Das verwahrte er gut und zog damit fort.

Er war aber noch nicht weit gekommen, da sah er, wie auf der Straße sich Staub erhob, konnte jedoch nicht erkennen, woher er rühre. Als er näher hinzukam, sah er, daß es zwölf kleine Bürschchen waren, alle mit roten Höslein angetan; die schritten so keck einher, daß sie eine große Staubwolke vor sich trieben. „Ei, seid uns gegrüßt, wertester Oheim!" sagten sie. „Wo kommt ihr her?"

Da sah das Schneiderlein, daß es seine Neffen, die zwölf Rothöschen waren. Er begrüßte sie gar freundlich und sie setzten sich zusammen unter einen Baum. Das Schneiderlein zündete ein Feuer an, um das sie sich lagerten, und die Rothöschen erzählten, was ihnen auf der langen Reise durch die Welt begegnet war. Als sie damit fertig waren, stellte sich jedes auf ein Bein und schlief. Das Schneiderlein legte sein Ränzel unter den Kopf und träumte bis zum anderen Morgen.

Wie alle wieder wach waren, sprach das Schneiderlein: „Meine lieben Neffen! Ich will euch einen Vorschlag machen; wir wollen miteinander reisen und Freud' und Leid zusammen tragen. Finden wir dann einmal ein Glück, so teilen wir uns redlich darein!" Die zwölf Rothöschen waren damit zufrieden. Da beschlossen sie, in eine große Stadt zu gehen, die nicht weit weg lag. Um jedoch ganz unerkannt hineinzukommen, erklärte das Schneiderlein, er wolle die zwölf Rothöschen in seinen Ranzen stecken. Er marschierte also lustig darauf los und kam am Morgen in die Stadt. Kaum aber war er zum Tor hereingezogen, da hörte er einen Mann zu seinem Nachbar sagen: „Wenn ich doch nur einen Gehilfen hätte; ich hab' so viele Kleider zu machen, daß ich mir gar nicht mehr zu helfen weiß!" — „Da steh' ich euch bestens zu Diensten!" rief das Schneiderlein. „Ihr sollt mit mir zufrieden sein; denn

ich arbeite für dreizehn!" — „Oho", sagte der Mann, „was ist denn das für ein kleiner Prahler? Für einen halben Mann — willst du sagen?" — „Gewiß nicht!" antwortete das Schneiderlein. „Macht nur einmal die Probe!" Der Mann aber dachte: „Ein halber Arbeiter ist doch besser als gar keiner; ich will ihn einmal zu mir nehmen!" Da führte er ihn in sein Haus, setzte ihn auf einen großen Tisch und legte ihm einen Rock zum Nähen vor. „Seid so gut", sagte das Schneiderlein, „und gebt mir gleich noch zwölf andere, damit ihr seht, daß ich nicht gelogen habe!"

Der Mann wußte nicht, was er dazu sagen sollte; um ihm aber doch den Willen zu tun, schleppte er noch zwölf zugeschnittene Röcke herbei und ging weg. Meister Schneiderlein verschloß die Tür', holte seine zwölf Rothöschen heraus und ermahnte sie: „Jetzt macht eurem Meister keine Schande!" Da fingen die zwölf an, zu nähen, und ruhten und rasteten nicht, bis alles fertig war; als sie aber den letzten Rock an den Nagel gehängt hatten, stellte sich ein jeder ans Fenster und verschlang ein reichliches Mahl von Sonnenstrahlen. Der Schneider dagegen begnügte sich mit einem

Butterbrot. Darauf steckte er die Rothöschen wieder in seinen Ranzen und rief den Meister. Wie dieser hereintrat und die dreizehn fertigen Röcke erblickte, da konnte er sich vor Erstaunen kaum fassen. „Ach du Herzensschneiderlein!" sagte er und fiel ihm um den Hals. „Du bist die schönste Perle in meiner Schneiderkrone! Bleib' bei mir, du sollst es gut haben!" Meister Schneiderlein lächelte ganz zufrieden und meinte: „Macht nur nicht so viel Wesens daraus; das ist mir eine Kleinigkeit. Ich kann noch ganz andere Dinge!" – „O, ich bin mit diesen schon zufrieden!" sagte der Mann. „Jetzt laßt's euch aber wohl sein!" Damit holte er ein Fläschchen Wein und trank mit ihm auf seine Gesundheit.

Das Schneiderlein arbeitete fortan zur großen Zufriedenheit seines Herrn, so daß alle anderen Meister der Stadt diesem neidisch und gram wurden. Zu der Zeit brach ein Krieg aus und der König, der in der Stadt wohnte, ließ alle Zeichendeuter vor sich kommen und befragte sie, wen er zum obersten Befehlshaber seiner Heere erwählen sollte. Da nannten sie ihm den Namen eines vornehmen Mannes; den ließ der König kommen, umgürtete ihn mit einem silbernen Schwert und schnallte ihm silberne Sporen an die Stiefel. Dann ließ er ihn auf ein schönes Pferd steigen und begleitete ihn vor die Stadt hinaus und das Heer zog gegen die Feinde; doch am dritten Tag ward es geschlagen, so daß es auf schmähliche Weise nach Hause floh. Da ließ der König den Mann, den er zum Kriegsobersten gesetzt hatte, in den Turm werfen, nachdem er ihm das silberne Schwert und die silbernen Sporen abgenommen hatte.

Darauf berief er wiederum die Zeichendeuter und fragte sie noch einmal, wen er zum Oberbefehlshaber über das Kriegsheer setzen sollte. Da nannten sie ihm einen noch viel vornehmeren Mann; den ließ der König vor sich kommen und umgürtete ihn mit einem goldenen Schwert und schnallte ihm ein Paar goldene Sporen an die Stiefel. Dann setzte er ihn auf ein schönes Pferd und geleitete ihn bis vor die Stadt. Das Kriegsheer wurde aber ebenso geschlagen wie das vorige Mal und kam in schimpflicher Flucht zurück.

Da war der König sehr erzürnt; er nahm dem Kriegsobersten das goldene Schwert und die goldenen Sporen und warf ihn zu dem andern in den Turm hinab. Die Zeichendeuter aber jagte er aus der Stadt bis auf einen, zu dem sprach er: „Wenn du nicht in drei Tagen mir einen Kriegsobersten nennst, der meinem Heer Sieg verschafft, so lasse ich dich in einen eisernen Käfig setzen und ins Feuer werfen!" Da erschrak der Zeichendeuter sehr und schlug alle seine Bücher nach; aber er konnte den Mann nicht finden. Schon waren zwei Tage der Frist verflossen, die ihm der König gesetzt, da hatte er in der Nacht einen Traum; darin wurde ihm verkündigt, in der Stadt sei ein Mann, der arbeite soviel wie dreizehn andere, den solle der König zum Heerführer machen. Froh über diese Entdeckung lief er alsbald zum König und erzählte ihm den Traum. Da ließ der König alle großen und starken Leute vor sich kommen; aber keiner konnte mit Wahrheit behaupten, daß er für mehr als höchstens zwei Mann arbeiten könne. Der König ließ nun öffentlich ausrufen, daß er demjenigen eine große Belohnung zugedacht habe, der das vermöchte. Doch niemand wollte sich melden.

Der Herold, der dies öffentlich verkündigte, kam auch in jene Gegend der Stadt, wo das Schneiderlein arbeitete, und dessen Meister hörte die Bekanntmachung. Da sagte er zu seiner Frau: „Schweig' mir ja still und verrate es niemandem, daß bei uns der Mann ist, den der König verlangt! Denn wird er uns genommen, so ist unser bestes Kleinod dahin!“ Die Frau versprach ihm, zu schweigen. Als aber der Herold zum drittenmal in die Gegend kam, da konnte sie sich nicht mehr zurückhalten; denn er versprach auch demjenigen eine große Belohnung, der dem König nur sagen könnte, wo ein solcher Wundermann sei. Wie darum ihr Mann gerade ausgegangen war, stellte sie sich unter die Haustür' und rief den Herold herein. „Wenn ihr mir versprecht,

zu schweigen", sagte sie, „so will ich euch wohl angeben, wo der Mann zu finden ist; er sitzt oben in unserem Stübchen und arbeitet täglich so viel als dreizehn andere. Mein Mann hat die Hälfte seiner Gehilfen entlassen!" Der Herold versprach ihr zwar, zu schweigen aber er tat es nicht, sondern lief eiligst zum König, ihm die neue Nachricht zu verkünden.

Der König ließ alsbald den Meister rufen, bei welchem klein Schneiderlein arbeitete, und fragte ihn, ob er wirklich einen solchen Mann im Hause hätte. Der Schneider konnte nicht länger leugnen. „So bring' ihn mir auf der Stelle hieher!" befahl der König. Der Frau des Schneiders aber schickte er ein prächtiges goldgesticktes Kleid und ein Paar goldene Ohrringe zum Geschenk.

Also ward das Schneiderlein von seiner Arbeit weggenommen, in eine herrliche Kutsche gesetzt und zum König gefahren. Als dieser ihn jedoch erblickte, da brach er in ein so lautes Lachen aus, daß sein goldener Thron wackelte und ihm der königliche Szepter aus der Hand fiel.

„Das soll der berühmte Mann sein?" rief er und lachte noch toller. „Nun gut! Komm, ich will dich ausstaffieren, wie es dir geziemt!" Da ließ er ihm ein Paar rote Strümpfe und ein gelbes Röckchen anziehen; dieses hatte am Kragen eine Krause von Goldpapier; das war in tausend Falten gelegt und stand ihm weit um den Hals herum. Auf den Kopf wurde ihm ein blauer Hut mit einer großen Hahnenfeder gesetzt.

Nun nahm der König noch eine große, große Nadel, die steckte er dem Schneiderlein statt eines Degens an die Seite und ließ ihm auch ein paar Nähnadeln in die Absätze seiner Schuhe schlagen statt der Sporen. Das Schneiderlein aber meinte, es müßte so sein, und als es so ausgerüstet war, sah es in einen großen Spiegel, beschaute sich von vorne und von hinten und bekam eine hohe Meinung von seiner ansehnlichen Gestalt.

Darauf ließ ihm der König ein kleines Pferdchen vorführen und setzte ihn darauf. Als er ihn aber fortgeleiten wollte, da sprach das Schneiderlein: „Herr König, ihr werdet mir zu gute halten, wenn ich mir vorher noch eine Gnade ausbitte! Ich habe noch zwölf Neffen, die müssen notwendig mit mir in den Krieg ziehen!" Da lachte der König aufs neue und sprach: „Ja, laß sie nur kommen!"

Nun rief das Schneiderlein den Herold herbei; der mußte ihm seinen Ranzen bringen. Als er geöffnet ward, sprangen die zwölf Rothöschen heraus und verneigten sich gar ehrerbietig vor dem König. Der konnte sich vor Ver-

wunderung gar nicht fassen. „Bringt mir geschwind noch zwei Pferde!“ befahl er. Da brachte man zwei weiße Pferdchen und auf jedes setzten sich sechs Rothöschen.

So zogen sie aus dem Palaste und die ganze Stadt lachte, als sie die sonderbaren Kriegshelden sah. Der König geleitete sie noch ein Stück weit und kehrte in sein Schloß zurück.

Am dritten Tag aber kamen sie auf eine große Ebene, die war ganz von vielen Tausenden von Feinden bedeckt. Da stellte das Schneiderlein sein Heer in eine große Reihe und ritt ganz ernsthaft wie ein wahrer General an der Linie herunter. Er sprach seinen Soldaten Mut zu und versicherte sie im voraus des vollkommensten Sieges. „Seht“, sprach er, „hier habe ich ein Pfeifchen; damit werde ich euch ein Zeichen geben, wenn ihr den Feind angreifen sollt. Pfeife ich aber noch einmal, so kommt ihr wieder zurück!“

Darauf ritt er mit den Rothöschen auf einen Hügel, und als der Trompeter blies, hielt er sich fest am Sattelknopf, weil er fürchtete, der starke Schall möchte ihn herunterwerfen. Unterdessen hatten aber auch die Feinde ihre Schlachtordnung gemacht und rückten heran; da zog das Schneiderlein sein

Pfeifchen heraus und pfiff drei Mal. Kaum war der Ton zu den Ohren der Feinde gekommen, da warfen sie schleunigst ihre Waffen weg; des Schneiderleins Heer aber verfolgte sie bis an einen Fluß, wo sich die Feinde teils hineinstürzten, teils lebendig gefangen wurden. Dann pfiff er abermals, und als die Seinigen zurückkamen, zog er siegreich an der Spitze der Truppen in die Stadt.

Der König hatte aber unterdessen in seinem Palast nachgedacht, wie er dem Schneiderlein bei seiner Rückkunft begegnen sollte; denn das hätte er sich nimmermehr vorgestellt, daß er der Mann sein könne, der ein feindliches Heer in die Flucht schlüge. Bald hatte er gemeint, er wolle ihn zu den anderen in den Turm werfen; bald hielt er es für lustiger, ihn noch abenteuerlicher anzukleiden und auf einem Esel durch die Stadt reiten zu lassen.

Da verkündete ihm der Turmwächter, daß das Heer in guter Ordnung zurückkäme. Das konnte er nicht glauben. Er wollte sich selbst überzeugen und ritt daher mit seinem ganzen Hof vor die Stadt hinaus. Er war aber noch nicht weit geritten, da begegnete ihm ein großer Zug gefangener Feinde; hierauf folgte das Schneiderlein mit gezogenem Degen und zu seiner Rechten und Linken die zwölf Rothöschen auf den weißen Pferden; hinter ihnen marschierte das ganze Heer und jeder der Soldaten trug eine Waffe oder ein Kleidungsstück, das er erbeutet hatte. Das Schneiderlein aber ritt vor den König, verneigte sich tief und sprach: „Es soll mich freuen, Herr König, wenn ihr zufrieden seid!“

Der König war hoch erstaunt über die Taten seines Generals. „Zierde meines Reiches!“ sprach er. „Wie soll ich dich belohnen? Soll ich dich zum Statthalter einer Provinz machen? Soll ich dir einen Palast anweisen? Bitte dir von mir aus, was du willst, ich werde es dir gewähren!“

Das Schneiderlein verbeugte sich tief vor dem König und sprach: „Gnädiger Herr, wenn ich euch um eine Gnade bitten darf, so laßt mein Häuschen ein wenig größer bauen, damit ich mit meinen werten Neffen gemächlich darin leben kann!“ — „Das soll geschehen!“ sagte der König und zog im Triumph in die Stadt. Das Schneiderlein aber blieb noch eine Zeit lang und ward in hohen Ehren gehalten.

Der König ließ einen geschickten Maler rufen; der mußte die ganze

Begebenheit malen; besonders aber waren das Schneiderlein und die zwölf Rothöschen ganz vorn auf dem Bild zu sehen, so natürlich, als ob sie lebten.

Dann verabschiedete sich der Held beim König und zog in seine Heimat. Aber statt seines Häuschens fand er einen großen Palast und dabei war ein prächtiger Garten. In dem Garten war noch ein kleines Gärtchen und in dem Gärtchen stand ein kleines Häuschen; das war des Schneiderleins Häuschen noch gerade so, wie es vordem gewesen war. Er schloß es auf und fand noch alles, wie es gestanden hatte; sogar der Topf mit Kartoffeln war noch auf dem Herd.

Da beschloß er, von jetzt an in Ruhe zu leben und sein Glück zu genießen. Damit er sich aber immer seines ehemaligen Lebens erinnere, nahm er sich vor, jede Woche einen Tag in dem Häuschen zu wohnen und zu arbeiten, wie er getan hatte. Die zwölf Rothöschen blieben bei ihm und vertrieben ihm die Zeit mit lustigen Erzählungen von den weiten Wanderungen, die sie gemacht hatten, und so führten sie zusammen ein höchst angenehmes und zufriedenes Leben.

Von der Henne u. ihren 3 Kindern

Es war einmal eine Henne, die brütete auf ihren Eiern Tag und Nacht; als die Zeit um war, hatte sie drei junge Hühnchen ausgebrütet, wie sie meinte; die nahm sie unter die Flügel und wärmte, fütterte und liebte sie, wie eine gute Mutter ihre Kinder liebt.

Nach ein paar Tagen aber, als die Frühlingssonne so warm in den Hühnerstall hineinschien und die Vögel auf dem Birnbaum so lustig sangen, da führte die alte Henne ihre Jungen auf den Hof und gluckte recht ernstlich dabei, kratzte und scharrte den Boden mit den Füßen und, wo sie ein Körnchen oder Würmchen fand, das zerhackte sie mit dem Schnabel und warf's ihren Jungen vor.

Wie sie aber die jungen Tiere so betrachtete, da kamen ihr sonderbare Gedanken; denn sie waren einander sehr ungleich. Eines davon war viel größer als die anderen; es hatte einen längeren Schnabel, als die Hühner gewöhnlich haben; seine Füße waren viel größer als Hühnerfüße, und wenn es piepte, so klang es auch anders. Das andere hatte einen breiten Schnabel und an den Füßen eine Haut zwischen den Zehen; wenn es ging, da wackelte es rechts und links und es blieb nicht bei seiner Mutter, sondern lief an eine Pfütze, die im

Hof war, und machte Miene, als wollte es hineingehen und sich baden. Nur das kleinste blieb bei seiner Mutter und barg sich unter ihren Flügeln, so oft ein rauher Wind über den Hof strich.

Als das die alte Henne sah, schüttelte sie traurig den Kopf und sprach bei sich selbst: „Ich weiß gar nicht, was ich von meinen Kindern denken soll! Sie sind so ungleich an Gestalt und Geberde und ich habe sie doch ausgebrütet, eins wie das andere. Ich fürchte fast, sie werden sich einmal nicht gut mit einander vertragen!"

Je größer die Jungen wurden, desto mehr zeigte sich ihre Verschiedenheit, und die alte Henne erkannte, daß sie ein Hühnchen, einen Pfau und eine Ente ausgebrütet hatte. Darüber betrübte sie sich anfangs sehr; nach und nach aber tröstete sie sich und dachte: „Nun, wenn meine Kinder sich auch nicht gleich sind in Gestalt und Wesen, so können sie doch einmal brav werden und mir Freude machen!“

Als aber die Ente heranwuchs und in der Pfütze lustig herumschwamm, untertauchte und ihren Geschwistern mit lautem Quaken zunickte, da ärgerten sich die beiden anderen, daß sie nicht auch ins Wasser gehen und mit herumschwimmen konnten. Sie liefen zu der alten Henne und sprachen: „Lehr' uns doch auch ins Wasser gehen und schwimmen, wie unsere Schwester es kann!“ Aber die alte Henne sprach: „Das kann ich nicht, wenn ich auch noch so gern wollte! Euer Schwesterchen ist eine Ente und ihre Natur treibt sie ins Wasser; euch würde es schädlich sein, ja, sogar den Tod bringen! Seht, ich lebe ja auch auf dem Land! Warum wollt ihr denn nicht bei mir bleiben?“

Damit trösteten sich Hühnchen und Pfau und blieben bei der alten Henne; wenn sie jedoch ihre Schwester auf dem Wasser schwimmen sahen, da konnten sie sich doch nicht des Neides erwehren. Die alte Henne beruhigte sie, so gut sie es verstand, und belehrte sie, daß jedes in seiner Art glücklich zu sein vermöge.

Die Jungen wuchsen heran und wurden größer und schöner; besonders schön war der Pfau, dessen Gefieder das seiner Geschwister weit übertraf. Sein Hals war blau, sein Rücken glänzte wie Gold und sein Schweif war wie ein großer köstlicher Fächer; wenn die Sonne darauf schien, glänzten hundert Augen in dem Fächer, und wer ihn sah, blieb stehen und sprach: „Ei, seht doch, was für ein herrliches Tier ist der Pfau! Er ist der König der Vögel!“

Als aber seine beiden Geschwister die Farbenpracht sahen und alle Leute nur von ihm redeten, da wurden sie sehr neidisch und sagten zu ihrer Mutter: „Warum gibst du uns nicht auch so schöne Federn wie dem Pfau? Alle Menschen deuten nur auf ihn und loben ihn; von uns dagegen spricht niemand!“ Da sagte die alte Henne: „Ihr seid unverständige neidische Tiere! Er ist ein Pfau und die Natur hat ihm die schönen Federn gegeben, die seine Zierde sind. Das ist sein Vorzug; aber was hat er denn sonst? Hat er nicht abscheuliche Füße und wie häßlich klingt seine Stimme! Jedes von euch hat seine eigenen Vorzüge und Fehler; so seid doch verträglich unter einander und liebt euch, wie gute Geschwister sich lieben sollen!“

Aber die verständigen Worte der alten Henne wurden nicht von allen Kindern angenommen. Die Ente sagte trotzig: „Ich mag gar nicht mehr bei euch leben!“ Damit ging sie aus dem Stall und machte sich ein Nest in einer Ecke des Hofes unter ein paar Brettern; der Pfau aber schämte sich auch, in einem so niederen schlechten Häuschen zu wohnen, und flog auf den Birnbaum. Dort saß er, putzte seine Federn und sah auf die Vorbeigehenden herab.

Nur das kleine Hühnchen blieb bei seiner Mutter und pflegte sie, und wo es ein Körnchen oder ein Würmchen fand, das brachte es ihr, die sich über den Neid und die Undankbarkeit der beiden anderen Kinder sehr betrübte.

Nach einiger Zeit einmal wurde das junge Hühnchen krank. Das sah die Hausfrau und sprach: „Es sollte mir doch leid tun, wenn mein Hühnchen stürbe! Es ist so zahm und bescheiden; es versorgt meine Küche mit Eiern, und wenn es stirbt, so weiß ich nicht, woher ich ein anderes nehmen soll; denn die alte Henne wird nicht mehr lange leben! Ich will es recht fleißig pflegen; vielleicht erholt es sich wieder!“ Schnell bereitete sie ihm ein Futter von Brot mit Milch und gehackten Eiern, tat ihm auch heilsame Kräuter hinein und gab es ihm aus der Hand zu fressen; da erholte es sich zusehends. Darauf setzte sie es in einen Korb, der mit weichem Heu gefüllt war, und brachte ihm jeden Tag von dem kräftigen Futter.

Als das aber Ente und Pfau sahen, wurden sie neidisch auf das arme Hühnchen. Sie waren längst verfeindet und schauten sich gar nicht mehr an. Wie sie aber bemerkten, daß das Hühnchen so gut gepflegt wurde, da sagten sie: „Ei, seht doch, was unsere Frau mit dem einfältigen Hühnchen für eine Sorge hat! Seht doch, wie sie es streichelt und ihm die besten Bissen bringt! So etwas bekommen wir nicht und wir sind doch die Zierde des Hofes; jedermann lobt und bewundert uns; aber wir erhalten deswegen doch nichts Besseres zu fressen. Was hat denn das einfältige Ding an sich, daß man sich so viele Mühe mit ihm gibt? Hat es schöne Federn? Nein! Hat es eine schöne Stimme? Nein! Kann es ins Wasser gehen oder in der Luft fliegen? Nein! Nun, was hat es denn?“ — „Es hat gar nichts“, fuhr die Ente scheltend fort, „und ich begreife nicht, wie unsere Frau so ein unnützliches Tier auf dem Hof behalten mag!“ — „Hör'!“ sagte der Pfau. „Ich will dir etwas mitteilen, was du aber geheim halten mußt! Wir wollen sehen, daß wir das Hühnchen auf eine gute Art vom Hofe wegbringen; dann sind w i r die Herren! Dann bekommen w i r das Futter, das jetzt das Hühnchen bekommt; da wollen wir es uns wohl sein lassen!“

„Ja, das wollen wir tun!“ sagte die Ente. „Wie fangen wir es aber am besten an, daß es die Frau nicht merkt?“ — „Laß mich nur machen!“ sagte der Pfau. „Ich will das Hühnchen bald vertrieben haben!“ Damit flog er auf seinen

Baum und die Ente setzte sich auf ihr Nest hinter den Brettern und sann mit boshafter Freude über den Untergang des armen Hühnchens.

Als es Nacht war und die beiden Hühner schon lange in ihrem Neste schliefen, wurde der alte Sultan, der Hofhund, von seiner Kette losgelassen,

damit er Haus und Hof bewache. Er ging mit bedächtigen Schritten rings herum und roch in allen Ecken, ob nichts Verdächtiges da sei.

Da flog der Pfau von seinem Baum herab und setzte sich auf eine Gartenmauer; denn er getraute sich doch nicht, auf ebener Erde mit dem

Hund zu sprechen, obgleich er in ziemlicher Freundschaft mit ihm lebte. Der Hund aber sagte zu ihm: „Guten Abend, Pfau! Was tust du denn noch so spät hier?“ — „Ich habe etwas mit dir zu reden“, sprach der Pfau, „was ich dir am Tage nicht gut sagen kann!“ — „Nun, so rede!“ meinte der Hund; bei sich dachte er: „Das muß doch was Besonderes sein, daß es der Pfau am Tag nicht sagen will!“

Da begann jener: „Ich weiß nicht, ob du schon bemerkt hast, was für ein boshaftes Tier das junge Huhn ist; man sollte es freilich nicht glauben, es sieht so unschuldig und bescheiden aus; aber es verleumdet uns bei der Frau und will uns aus ihrer Gunst verdrängen. Hast du nicht gesehen, wie die Frau ihm seit ein paar Tagen schmeichelt und wie sie ihm das beste Futter gibt? Für uns gibt es so etwas nicht! Ist das nicht schändlich?“ — „Ja, das ist wahr“, sagte der Hund, „wenn alles so ist, wie du sagst; aber was können wir denn tun?“

„Das will ich dir mitteilen!“ antwortete der Pfau. „Das Hühnchen muß vom Hof weg; dann sind wir die Herren und bekommen das gute Futter, das die Herrin jetzt ihm gibt!“

„Aber was soll dazu ich tun?“ fragte der Hund. — „Oh, sehr viel!“ entgegnete der Pfau. „Du sollst uns eben helfen, das Hühnchen fortzuschaffen!“

„Wie soll ich denn das anfangen?“ meinte er.

„Ach, das ist leicht!“ sagte der Pfau. „Morgen, wenn das Hühnchen früh aufsteht — es stellt sich nur so, damit die Leute meinen sollten, es wäre recht fleißig — da tust du, als ob du es zerreißen wolltest; dann wird es schon einen solchen Schrecken kriegen, daß es davonfliegt und so leicht nicht wieder kommen wird!“

„Hör'!“ brummte der Hund. „Das Ding kommt mir doch sehr bedenklich vor! Ob das Hühnchen uns, wie du sagst, bei unserer Frau verleumdet hat, weiß ich nicht; warum erzählst du das nicht deiner Mutter, damit sie ihr Kind bestraft?“

„Ach, die ist so grämlich und ungerecht!“ antwortete der Pfau. „Sie hat mich und meine Schwester, die Ente, aus dem Stall gejagt und nur das kleine Nestvögelchen, das Hühnchen, hat sie bei sich behalten!“

Der Hund hatte schon bisher dem Pfau nur halb getraut; jetzt merkte er, daß der Neid aus ihm redete und daß er ein schändlicher Lügner sei. Denn er hatte wohl gehört, wie sie mit ihrer Mutter sich gezankt und wie sie diese verlassen hatten. Darum bellte er auf einmal ganz laut und sprach: „Du solltest dich aber doch schämen, so gemein zu lügen! Meinst du, ich hätte es nicht gesehen, wie stolz du gegen deine Mutter warst und wie du dich geschämt hast, unter einem Dach mit ihr zu leben? Und jetzt willst du, daß ich dir helfen soll, das arme Hühnchen zu vertreiben? Wahr ist's, es wird seit ein paar Tagen besser gepflegt von unserer Herrin als sonst. Allein, was geht das uns an? Ich bin mit meinen Knochen zufrieden, die ich jeden Tag bekomme, und auch ihr habt täglich satt zu essen; warum willst du das, was das Hühnchen bekommt, ihm nicht gönnen? Geh, scher' dich auf deinen Baum und schäm' dich!" Damit trollte der Hund seiner Hütte zu.

Der Pfau aber ärgerte sich, daß ihm sein Anschlag nicht gelungen war. „Wir müssen es anders anfangen!" sagte er zur Ente, welcher er die Unterredung mit dem Hofhund erzählte. Darauf machten sie allerlei Pläne, das arme Hühnchen zu vertreiben oder gar umzubringen.

Da kam der Herr mit der Frau auf den Hof und sie redeten miteinander vom Krieg und von den teuren Zeiten. „Hör'!" sagte er. „Es wird mir täglich schwerer, das viele Futter anzuschaffen; wir wollen daher das Federvieh schlachten und nur den Hund behalten; der nützt uns doch am meisten durch seine Wachsamkeit!"

„Du hast recht!" meinte die Frau. „Ich habe das auch schon gedacht. Was nützt uns der Pfau und die Ente? Sie sind schön, das ist wahr; aber das ist auch alles; sie kosten Futter und legen keine Eier; wir wollen die unnützen Fresser gleich morgen schlachten! Die beiden Hühner aber wollen wir leben lassen? Meinst du nicht?"

„Meinetwegen!" sagte der Mann. „Sie sind so gute nützliche Tiere und mit Wenigem zufrieden!" Damit gingen sie wieder ins Haus.

Der Pfau und die Ente hatten das Gespräch gehört und waren zu Tode erschrocken. „Was sollen wir anfangen?" jammerte die Ente. „Wohin sollen wir uns retten? Wir sind gewiß verloren!" — „Ach, liebe Schwester", sagte der Pfau, „wir haben uns doch an unserer Mutter und Schwester versündigt. Das ist die Strafe für unseren Undank!" — „Ja", seufzte die Ente, „wir haben sehr unrecht gehandelt. Komm, wir wollen zu ihnen gehen und sie um Verzeihung bitten, ehe wir sterben!" Sie gingen hin und erzählten der alten Henne, was sie gehört, und gestanden ihr alle die bösen Anschläge, die sie gefaßt hatten, um das arme Hühnchen zu verderben.

Die alte Henne erschrak auf das heftigste und wußte sich vor Angst nicht zu helfen. Das junge Hühnchen dagegen sprach: „Ich will euch retten! Seht, hier liegt viel Stroh, davon machen wir ein Nest; heute Abend kommt ihr herein und da decken wir euch ganz damit zu. Der Herr wird glauben, ihr seid davongeflogen, und da er nur das Futter sparen will, wird er sich darüber nicht sehr grämen. Dann wollen wir unser tägliches Futter mit euch teilen und sehen, wie es weiter geht!"

Als der Pfau und die Ente den Edelmut ihrer Schwester vernahmen, konnten sie nicht aufhören, ihr zu danken; sie gelobten, sich zu bessern und ihre Schwesterliebe mit gleicher Liebe zu vergelten. Darauf bereiteten sie das Nest in einer Ecke des Stalles. Als es aber Nacht war, kamen sie herein und die alte Henne und das Hühnchen deckten sie zu bis über den Kopf, so daß man gar nichts mehr von ihnen sehen konnte.

Am andern Morgen kam die Hausfrau in den Hof mit einem großen Messer; das wetzte sie auf der Schwelle der Haustüre. Als es scharf genug war, ging sie hin an den Birnbaum, wo der Pfau gewöhnlich saß; aber er war nicht mehr da. Da ging sie zu den Brettern, wo die Ente sonst hauste; aber auch sie war fort. Nun suchte sie den Pfau und die Ente überall und kam auch zum Hühnerhaus, bückte sich und sah hinein; aber es war nichts darin als ein Haufen Stroh.

Da rief sie ihren Mann und sagte: „Sieh doch, der Pfau und die Ente sind davongeflogen, ich kann sie nirgends finden!" — „Je nun", sprach der Mann, „laß sie davonfliegen, so sind wir die unnützen Fresser los! Die haben gewiß gehört, was wir gestern gesprochen haben!" Damit gingen sie wieder ins Haus.

Der alten und der jungen Henne hatte aber das Herz gebebt vor Angst. Sie waren froh, daß die Gefahr glücklich vorüber ging, und wenn die Frau ihnen Futter hinwarf, so trugen sie ein Körnchen nach dem anderen ins Haus und teilten redlich mit dem Pfau und der Ente.

So hatten sie es schon lange getrieben, da sah einmal die Hausfrau zu, wie die beiden Hühner das Futter in das Häuschen trugen, und verwunderte sich sehr darüber. „Was soll denn das bedeuten", dachte sie „daß die Tiere ihr Futter so aufsparen? Ich will doch einmal nachsehen." Sie ging hinter das Häuschen und schaute durch einen Spalt und sah, wie der Pfau und die Ente aus dem Stroh hervorschlüpften und wie die alte Henne das Futter in vier Teile teilte; für sich aber behielt sie den kleinsten. Nachdem Pfau und Ente gefressen hatten, krochen sie wieder in den Strohhaufen und die Hühner deckten sie zu.

Da rief die Frau ihren Mann und erzählte ihm, was sie gesehen hatte. Das wollte der Mann nicht glauben Aber die Frau führte ihn zu dem Hühnerhäuschen und er bückte sich, schaute hinein und sagte: „Ich sehe nichts als einen Haufen Stroh!“ — „Tu das einmal weg!“ meinte die Frau. Da wollte er es wegziehen; aber das alte und das junge Huhn fingen an, gewaltig zu schreien und mit den Flügeln zu schlagen; er nahm jedoch das Stroh trotzdem weg, und da saßen nun der Pfau und die Ente beisammen und dachten, jetzt müßten sie sterben. Der Mann aber sprach: „Fürchtet euch nicht, ihr sollt nicht sterben!“ — und aus seiner freundlichen Miene erkannten die Tiere, daß es ihm Ernst sei. Dann holte er frisches Futter und warf es hin und rief ihnen und sie traten ganz scheu hervor. „Komm, wir wollen uns auf die Seite stellen!“ sagte der Mann zu seiner Frau. Jetzt kamen die beiden Hühner, der Pfau und die Ente und fraßen lustig und wohlgemut und der Hausvater und die Hausmutter hatten ihre Freude an den Tieren. Von nun an aber lebten alle in einträchtiger Freundschaft und keines war mehr stolz oder neidisch auf das andere, sondern sie bestrebten sich, ihrer Mutter, der alten Henne, zu dienen und sie zu pflegen, bis sie vor Alter starb.

Peter Siebensack.

Es war einmal ein alter Bettler, Peter genannt, der bettelte von Tür' zu Tür', und was er bekam, das steckte er in seine sieben Säcke, alles besonders; in den einen das Brot, in den andern das Fleisch, in den dritten das Geld, also in jeden etwas anderes. Deshalb nannte man ihn nur den Peter Siebensack.

Der alte Peter aber war ein gar genügsamer, zufriedener Mann und dachte: „Wenn ich an zwei Türen abgewiesen werde, so bleibt mir die dritte gewiß: Ohne Mühe hat man einmal nichts in der Welt, und wenn gleich der König ein gar vornehmer Herr ist, so hat er doch auch seine Sorgen und schläft vielleicht nicht so ruhig in seinem Bett wie ich in dem Laubstall meines Herrn!"

Und er hatte sehr wahr geredet, der alte Peter Siebensack; denn der König, obgleich er reich und mächtig war, konnte doch nicht verhindern, daß sein einziges, vielgeliebtes Töchterlein krank wurde und trotz aller geschickten Ärzte am siebenten Tage starb. Da war der gute König sehr betrübt, aß nichts und trank nichts mehr und gedachte selbst zu sterben vor bitterem Kummer.

Seine Diener suchten ihn aber zu trösten und seinen Gram zu lindern. Er jedoch rief immer: „Könnt ihr meine Tochter von den Toten erwecken?" — „Das vermögen wir nicht!" sprachen sie. — „Nun, so laßt mich auch in Ruhe", erwiderte er, „und erneut nicht meinen Schmerz durch euren ohnmächtigen Trost!"

Des Königs Töchterchen ward begraben mit aller Pracht, wie es einer

Königstochter geziemte, und das ganze Land trauerte; denn es war ein gutes und frommes Kind gewesen.

Am andern Tag wurde dem König gemeldet, es sei ein weiser Mann angekommen, der verspräche, seine Tochter von den Toten zu erwecken. „Ruft mir ihn geschwind herein!" sprach der König. „Ich will mit ihm reden!" Da kam der fremde Mann, neigte sich tief vor dem König und fragte, was er befehle. „Ich habe dir nichts zu befehlen", sagte der Fürst, „sondern dich zu bitten! Ich höre, du sei'st ein Mann, der die Toten erwecken könne; wenn du mich lieb hast, so gib mir mein einziges Töchterchen wieder! Ich will dich belohnen, wie dich noch kein König belohnt hat!" — „Das will ich recht gerne tun!" erwiderte der Mann. „Das Mittel ist gar nicht schwer: Ihr braucht nur die Namen von drei vollkommen Glücklichen auf den Grabstein eurer Tochter schreiben, dann wird sie sogleich zum Leben erwachen!" — „Ist das möglich?" fragte der König verwundert. „Ach, so laß uns sofort hingehen und sie erwecken!" — „Das wird nicht so schnell gehen!" meinte der Weise. „Gebt euch doch erst die Mühe, die drei Glücklichen zu suchen!" — „O, die werde ich nicht weit zu suchen brauchen!" sprach der König. „Sollten in meinem unermeßlichen Reich nicht mehr als drei Glückliche sein? Doch ich will tun, was du meinst; du sollst dich selbst davon überzeugen! Und damit niemand sich aus Gefälligkeit gegen mich glücklich nenne, wenn er es nicht ist, so will ich mich verkleiden und du sollst mit mir gehen!" Da zog der König ein Bettlerkleid an und ging mit dem Weisen durch die Stadt. So kamen sie an einen prächtigen Palast; darin wohnte ein Minister. Als sie eben hineingehen wollten, kam dieser heraus und eine große Zahl von Dienern begleitete ihn. Der König zog seinen alten

Hut vom Kopf und sprach: „Seid doch so gut und schenkt einem armen Mann eine Kleinigkeit!“

Da winkte der Minister einem Diener, der zog einen Beutel hervor und gab dem Bettler ein Silberstück. „Ich dank' euch!“ sagte dieser. „Ihr seid doch ein recht glücklicher Mann!“ — „Das wollen wir dahingestellt sein lassen!“ brummte der Minister. „Wer weiß, ob ihr nicht glücklicher seid als ich?“ — „Wie?“ fragte der Bettler verwundert. „Habt ihr nicht durch des Königs Gnade diesen herrlichen Palast mit seinen prächtigen Gärten und besitzt ihr nicht mehr Goldstücke, als ich Brotkrumen in meinem Bettelsack trage?“ — „Ja, guter Freund, das ist's eben! Ich habe alles durch des Königs Gnade, wie ihr richtig sagtet; aber bin ich deswegen glücklich zu nennen? Kann mir's der König nicht täglich wieder nehmen und mich zu einem armen Mann machen? Es ist mir viel Macht gegeben, das ist wahr; wer aber einen Mächtigeren über sich erkennen muß, der ist nicht glücklich zu preisen. Nur der, welcher nicht von der Gnade eines Höheren abhängt, ist ein wahrhaft Glücklicher!“

Mit diesen Worten ging der Minister weiter und der König sah den Weisen mit einem Blick voll Verwunderung und Trauer an. „Hätte ich doch in meinem Leben nicht gedacht, daß dieser Mann so reden könnte! Ich habe ihm meine Gnade reichlich zugewendet; ich habe ihn mit Schätzen überhäuft; seine Söhne und Töchter blühen heran zur Freude ihrer Eltern und dennoch nicht glücklich?“

Da schüttelte er sein graues Haupt und eine Träne rollte ihm über die Wangen. „Wenn das so ist“, sprach er, „dann werden wir freilich die drei Glücklichen nicht so schnell gefunden haben, wie ich dachte. Aber ich will es nun klüger anfangen. Ich will seinen Ausspruch befolgen und jemand aufsuchen, der nicht von meiner Gnade abhängt!“

Darauf ging er mit dem Weisen vor ein anderes prächtiges Haus; in dem wohnte ein Mann, der unermeßliche Schätze von seinem Vater ererbt hatte. Er versah kein Amt oder Geschäft, sondern begnügte sich, mit seinen Freunden zu essen und zu trinken und herrlich zu leben. „Der ist gewiß der Glückliche!“ meinte der König. Sie traten also hinein und kamen zum Hausherrn.

Er lag auf einem weißen Sofa und vor ihm stand ein Tisch voll der ausgesuchtesten Speisen und Getränke. Die schönsten wohlriechendsten Blumen verbreiteten ihren Duft und der Fußboden war mit feinstem Rosenwasser benetzt.

„Beneidenswerter Mann!“ sprach der König im Bettlergewande. „Ihr, der ihr im Schoß des Glückes lebt, habt sicher die Güte und laßt einem Armen etwas von eurem Überfluß zukommen!“ — „Kommt nur näher!“ erwiderte der reiche Mann. „Setzt euch hieher; es soll niemand sagen, daß er hungrig von meinem Tisch gegangen sei!“

Darauf winkte er einem Diener, der brachte Beiden Teller und legte ihnen von allen Speisen vor. „Ihr seid doch recht zu beneiden!“ sprach der König, indem er um sich blickte auf alle die Pracht. „Ihr seid der glücklichste Mann, den ich je gesehen habe. Ihr seid frei und hängt von niemands Gnade ab; ihr könnt tun, was euch beliebt, und keiner darf euch in eurem Glücke stören!“ Da seufzte der reiche Mann und sprach: „Lieber Freund! Mäßigt euch in eurem Lob! Auch ich habe viele und schwere Sorgen und bin weit entfernt, mich für glücklich zu halten. Seht, ich habe die geschicktesten Köche in der ganzen Stadt; aber trotz all' ihrer Kunst verderben sie mir oft die Speisen und mein Magen muß dafür entgelten. Dann darf ich nicht alles essen, was ich will, und nicht, soviel ich will; denn ich habe schon manchmal die traurigen Folgen davon empfunden. Ist das nicht ein Unglück, wenn man bei allem Überfluß so enthaltsam leben muß, um sich keine Krankheit zuzuziehen? Und dann bedenkt, ich bin ein Mensch wie ihr, ich kann krank werden: Welche Besorgnis! Ja, ich kann sterben: O, welche Angst! — Ach, ihr seid viel glücklicher zu preisen als ich!"

Da dankte der König für das köstliche Mahl und ging fort. Unwillen beflügelte seine Schritte, so daß er nicht sprach, bis er vor der Stadt war. „Komm!" sagte er. „Wir wollen aufs Land gehen; in der Stadt sind die Menschen zu verwöhnt und verdorben; da finden wir den Glücklichen nicht!" Sie wanderten nun durch ein paar Dörfer; aber mit wem der König auch ein Gespräch anfing und nach seinem Glücke forschte, stets hörte er nur Klagen und begegnete Unzufriedenheit.

Da fing er an, daran zu verzweifeln, ob er wohl je die drei Glücklichen finden werde. Stumm und in sich gekehrt ging er einher und setzte sich endlich müde unter einen Baum, der am Eingang eines Waldes stand. Die Sonne senkte sich am Himmel nieder und die Herden verließen das Feld und zogen ihren Ställen zu.

Da wanderte durch den Wald ein alter Bettler; der sang sein Abend-

lied so froh und munter, als ob noch kein rauher Wind über sein kahles Haupt gestrichen wäre und als ob ihn heute noch keine unfreundliche Hand von der Türe gewiesen hätte.

Als er zu ihnen kam, grüßte er und setzte sich neben sie. „Wie geht's euch, mein Bruder?" sprach er zu dem König. „Denn an eurem Kleid sehe ich, daß ihr meines Handwerks seid!" — „Schlecht!" entgegnete der Fürst.

Aber da rief der Bettler, der kein anderer als der Peter Siebensack war: „Das sollte kein rechtschaffener Bettler sagen, daß es ihm schlecht geht! Überhaupt glaube ich, daß kein glücklicherer Mann auf Erden ist als ein ehrlicher Bettler. Seht, wenn der Peter Siebensack so auf der Landstraße wandelt und sieht die Vögel des Himmels lustig herumfliegen, so denkt er, er sei auch so ein Vogel, welchem den ganzen Tag der Tisch gedeckt ist. Und er ist's auch! Ich bin noch keinen Tag hungrig schlafen gegangen; ja, ich habe noch Überfluß gehabt und damit schon manch' anderen erquickt. Steht die Sonne am Himmel, sie scheint auf den alten Peter ebenso warm als auf den vornehmen Herrn, und rieselt aus dem Felsen eine Quelle, so fragt sie nicht danach, ob der König aus ihr trinkt oder Peter Siebensack. Nein, es geht mir nichts über meinen Stand, und wenn ich durch ein Dorf gehe, so laufen die Kinder mir zu und hängen sich an mich und ich erzähle ihnen allerlei alte und neue Geschichten, die ich gehört oder erlebt habe. Dann geben mir ihre Eltern satt zu essen und füllen mir die Säcke für den Abend. . . . Seht, sprach er und legte seine sieben

Säcke vor sie hin, „da eßt und laßt euch wohl sein und lernt von mir, wie man glücklich leben soll; ja, und wenn auch der König käme, er sollte sich meines Abendbrotes nicht schämen und ich würde mit seiner Krone nicht tauschen!“

„Ist das euer Ernst, Peter?“ fragte der König. — „Ja, mein vollkommener Ernst!“ antwortete dieser. „Ich bin in meiner Jugend weit in der Welt herumgekommen und habe viel Glanz und Herrlichkeit gesehen; aber das macht das Glück noch nicht aus. Ich bin selbst so ein Tor gewesen und habe nach Reichtum und Macht gestrebt und hatte es schon weit gebracht; aber ich verlangte immer mehr, und je größer mein Beutel wurde, desto mehr drückten mich die Sorgen. Da kam endlich ein Dieb und stahl mir den Beutel und mit ihm meine Sorgen; der Narr glaubte gewiß, ich würde mich zu Tode grämen — nein, das tut der Peter Siebensack nicht. Wer genug hat, um zu leben, der mag zufrieden sein; aber wer noch mehr hat, als er bedarf so daß er noch anderen damit dienen kann, der ist wahrhaft glücklich zu nennen, und ich rechne mir's zur Ehre, unter die Letzteren zu gehören. Jetzt laßt euch's wohl sein! Es soll niemand sagen, daß Peter Siebensack nicht redlich mit ihm geteilt hätte!"

Er kramte nun seine Säcke aus und teilte mit ihnen sein Brot und Fleisch, seine Butter und seinen Käse, gebratene Kartoffeln und zuletzt ein paar Äpfel und ein großes Stück Kuchen, das ihm eine Bäuerin, die heute Hochzeit gehalten, geschenkt hatte.

Den siebenten Sack schüttelte er lachend und sprach: „Geld kann ich euch keins geben; denn ich habe selber keins; aber wenn ihr mit mir gehen wollt, so biete ich euch ein Nachtlager auf weichem Laub, daß noch kein ehrlicher Bettler auf weicherem geschlafen haben soll!" Der König jedoch aß mit ihm, dankte und ging dann mit dem Weisen wieder der Stadt zu.

„Einen Glücklichen hätten wir!" sprach er. „Aber ich zweifle sehr, ob wir die anderen noch finden!" Und seine Besorgnis war nur zu sehr begründet. Vergeblich wanderte er noch manchmal in allerlei Verkleidung in der Stadt und auf dem Lande umher; vergebens war es, daß er Boten durch sein ganzes Reich sandte und nach Glücklichen forschen ließ; vergebens endlich ließ er öffentlich bekannt machen, daß, wer sich wahrhaft glücklich fühle, seinen Namen auf das Grabmal seiner Tochter setzen möchte — außer Peter Siebensack konnte er keinen finden.

Da legte der König seine Krone und seinen Szepter nieder und übergab den Thron einem nahen Verwandten; er selbst aber lebte in stiller Zurückgezogenheit und erwartete den Tod, der ihn mit seinem geliebten Kind vereinigen würde — und er wartete auf ihn nicht lange.

Eines Abends saß er nach seiner Gewohnheit auf dem Balkon des Schlosses, um die Sonne untergehen zu sehen — da fingen seine Augen an, zu ermatten, die müden Lider senkten sich und er schlummerte ein, um nie mehr zu erwachen.

Peter Siebensack aber lebte noch manches Jahr und war mit seinen lustigen Geschichten die Freude der Jungen und Alten. Endlich starb auch er und man begrub ihn in dem Garten in einem Grab, das er sich selber gegraben hatte. Seine sieben Säcke indessen hinterließ er seinem Hausherrn und sagte: „Wenn einer kommt, der so glücklich lebt, wie ich gelebt habe, dem schenkt sie!" — Es ist aber noch keiner gekommen.

Über eine Heide ging einmal ein Mädchen mit einem großen Topf süßer Milch auf dem Kopf, die wollte sie in die Stadt tragen und verkaufen. Unterwegs dachte sie allerlei, wie schön es doch wäre, in der Stadt zu leben, wo man nicht zu arbeiten bräuchte und sich in Silber und Seide kleiden könnte und in Kutschen mit prächtigen Rossen fahren.

„Das kann ich wohl auch einmal so haben! Ist nicht schon manches arme Mädchen vor alten Zeiten vornehm und reich geworden, wie mir die Großmutter erzählt hat? Freilich bin ich's noch nicht; aber was nicht ist, das kann noch werden! Ich will jetzt einmal denken, ich wär' es. Da wohn' ich in einem großen Haus, das hat viel Fenster und Türen und vor den Fenstern stehen die schönsten Blumen und hinter den Fenstern sind kostbare Stuben mit prächtigen Tischen, Stühlen, Spiegeln und Schränken und in den Schränken hängen eine Menge Kleider — ach, so schön! Da nehm' ich mir jeden Morgen eins heraus und zieh' es an — nein, ich lass' es mir anziehen; denn ich habe ja viele Mägde, die tun, was ich will. Da ruf' ich der einen: „Sybille, komm!" Gleich kommt sie und ich rede recht vornehm mit ihr und befehle: „Jetzt tu' dies, dann tu' das!" — und wenn ich angezogen bin, setze ich mich in eine Kutsche mit vier prächtigen Rappen und fahr' durch die Stadt, und wenn ich auf den Markt komme, so stehen meine Freundinnen in ihrer einfältigen Dorftracht mit einem Topf Milch da; was werden die sagen, wenn sie mich sehen! — O, sie werden mich gar nicht mehr kennen, und wenn sie mich auch kennen und zu mir sagen: „Guten Morgen, Liese!", dann werde ich sagen: „So heiß' ich nicht; ich heiße jetzt Jungfer Lisette!" — und dann wend' ich ihnen den Rücken und fahr' fort. D'rauf geht's im Galopp durch die Straßen vors Königsschloß!" — — —

Da hüpfte die gute Liese vor Freude in die Höhe und ihr Milchtopf fiel auf die Erde und brach in tausend Stücke. Sie tat einen lauten Schrei und weinte und zerraufte sich die Haare; denn die Milch war das einzige, was ihre Mutter zu verkaufen hatte.

Als sie aber so jammerte und die Scherben des zerbrochenen Topfes zusammenlas, kam eine alte Frau daher, die trug ein Bündel unter dem Arm, grüßte sie und sprach: „Was fehlt dir denn, daß du so weinst?" — „Ach, seht ihr nicht", sagte das Mädchen, „was geschehen ist? Ich sollte für meine arme Mutter einen Topf Milch zur Stadt tragen, da bin ich über einen Stein gestolpert, so daß der Topf mir zerbrochen ist; wenn ich nun heimkomme und das Geld nicht bringe, so bekomm' ich Schläge!"

Da jammerte die alte Frau das Unglück des Mädchens und sie sprach: „Komm mit mir!" Sie führte das Kind über einen Berg in den Wald zu einer Hütte, worin sie wohnte. In der Stube aber waren eine Menge

Milchtöpfe, von denen nahm sie einen und gab ihn dem Mädchen, indem sie sprach: „Hier nimm den Topf, trag' ihn zur Stadt und verkauf' ihn; wenn du aber mehr dafür bekommst als gewöhnlich, so schenk' das Übrige einem Armen!“ Da dankte das Mädchen, nahm den Milchtopf und trug ihn zur Stadt. Weil aber die Milch so gut war, bekam sie einen Kreuzer mehr als gewöhnlich; sie steckte das Geld ein und ging fröhlich ihrem Dorfe zu.

Auf dem Weg aber dachte sie: „Das ist doch sonderbar von der alten Frau, daß sie mir befohlen hat, ich solle das, was ich mehr bekomme, einem Armen schenken. Wozu kann sie das gesagt haben? Ich bin selbst arm genug und kann das Geld gut brauchen. Den Kreuzer heb' ich mir auf und auf Neujahr bekomm' ich noch einen, das sind zwei; dafür kauf' ich mir ein rotes Band auf meinen Hut; ach, das wird schön aussehen! Was werden da meine Freundinnen neidisch sein! „Ei, Liese", werden sie sagen, „wo hast du denn das schöne Bändchen her?" — „Das braucht ihr nicht zu wissen!" werde ich ihnen zur Antwort geben!"

Als sie das gesagt hatte und eben an einen Kreuzweg kam, stand ein armer alter Mann da, der war mit Lumpen bedeckt und bat sie um eine kleine Gabe. Aber Liese tat, als ob sie ihn gar nicht sehe — und ging schnell vorbei.

Wie sie auf den Hügel kam, setzte sie sich hin, holte den Kreuzer hervor und betrachtete ihn mit Wohlgefallen. Da schoß plötzlich ein großer

Adler herab, der packte das Geldstück und wollte es ihr rauben. Weil sie es aber nicht loslassen wollte, kratzte und biß sie der Vogel, schlug ihr mit den Flügeln ins Gesicht und zerriß ihr die Wangen. Dann packte er den Kreuzer doch und flog damit davon. Liese weinte sich die Augen rot vor brennendem

Schmerz und konnte sich daheim gar nicht mehr sehen lassen — so war ihr Gesicht verunstaltet. Im Dorf aber nannte man sie nachher immer nur die Narbenliese wegen der vielen Narben, die sie im Gesichte hatte.

Später einmal ging ein anderes Mädchen über die Heide, das trug einen Nelkenstock mit vielen prächtigen Blüten, und wo sie hinging, da stieg ein herrlicher Duft von den Blumen auf und Schmetterlinge flogen ihr nach, setzten sich auf die Nelken und sogen den süßen Wohlgeruch ein.

Aber das Mädchen blieb traurig; denn seine Mutter war krank und so arm, daß sie nichts besaß als den Nelkenstock, den sie selbst gepflanzt und gepflegt hatte. Als das letzte Brot verzehrt war, da sagte die Mutter: „Mariechen, nimm den Nelkenstock, trag' ihn in die Stadt und verkauf' ihn; wir wollen uns Brot dafür holen!"

Da nahm das Mädchen mit schwerem Herzen den Blumenstock, reichte ihn der Mutter noch einmal ans Bett, damit sie sich an seinem kräftigen Duft labe, und ging mit ihm fort der Stadt zu. Unterwegs dachte sie mancherlei, wie arm sie doch sei und wie Reichtum und Glück so ungleich verteilt wären, und vertiefte sich in diese Gedanken.

Wie sie aber eben an einem Dornbusch vorbeiging, da blieb der Nelkenstock daran hängen, fiel zu Boden und die herrlichen Blumen wurden geknickt und der Topf zersprang in tausend Scherben. Nun stand das arme Mädchen ein paar Augenblicke ganz niedergeschmettert; dann aber brach es in lautes Jammern aus: „Ach, was soll ich jetzt anfangen, was soll ich meiner Mutter sagen, wenn ich heimkomme, und woher soll ich das Geld nehmen, um Brot zu kaufen?“ Dann las sie die abgebrochenen Blumen auf, setzte sich an den Weg und weinte, und ihre Tränen fielen auf das Gras und vermischten sich mit dem Tau, der darauf lag.

Wie sie aber so saß, da kam eine alte Frau über die Heide gegangen, die trug auf dem Kopf einen Korb voll grünem Gras, grüßte sie und sprach: „Was fehlt dir, daß du so weinst?“ — „Ach, seht ihr denn nicht, was geschehen ist?“ sagte das Mädchen. „Meine Mutter hatte einen einzigen Nelkenstock; den sollte ich in die Stadt tragen und dafür Brot mitbringen. Nun bin ich an dem Dornbusch hängen geblieben und der Blumentopf ist zerbrochen, die Nelken sind geknickt und meine kranke Mutter liegt daheim und hat nichts zu essen!“ Da jammerte die Alte die Not des armen Mädchens und sie sagte: „Komm mit mir!“

Sie gingen zusammen über den Berg in einen Wald zu einem kleinen Haus; hinter ihm stand ein Gärtchen und darin waren eine Menge Nelken, rote, braune, weiße und gesprenkelte. Da grub die Frau einen der schönsten

Büsche aus, pflanzte ihn in einen Blumentopf, gab diesen dem Mädchen und sprach: „Hier nimm den Topf, trag' ihn zur Stadt und verkauf' ihn; die Hälfte des Geldes aber wirf ins Wasser, wenn du über die Brücke gehst, und wenn dir jemand begegnet und dich um einen Dienst anspricht, so tu ihn!" Da dankte ihr das Mädchen, versprach, alles zu tun, wie sie gesagt hatte, nahm den Blumentopf und wanderte damit zur Stadt.

Sie war aber noch nicht lang in den Straßen auf und ab gegangen, da rief sie eine vornehme Frau zu sich; die wunderte sich über die Schönheit des Nelkenstockes und sagte: „Mir hat vor ein paar Tagen der Wind einen Blumentopf vom Fenster geworfen; nun könnte ich den deinigen brauchen!" Dann gab ihr die vornehme Frau zwei Silberstücke und frug: „Bist du damit zufrieden?" — „Ich danke euch!" sagte das Mädchen und machte sich vergnügt nach Hause.

Als sie aber auf dem Heimweg von der Stadt zur Brücke kam, da dachte sie: „Es ist doch sonderbar, daß mir die alte Frau befohlen hat, ich solle die Hälfte des Geldes ins Wasser werfen! Wozu kann sie das gesagt haben? Wir sind selbst so arm und können es wohl brauchen, meine Mutter und ich! Ja, wenn es noch jemand nützte, so wollte ich es gern tun; aber so ist es ja gerade weggeworfen und verloren und nützt keinem Menschen was!"

Sie wollte schon über die Brücke gehen, da dachte sie: „Es ist aber doch nicht recht von mir, wenn ich's nicht tue! Die gute alte Frau hat mir aus so großer Not geholfen und hat mir den schönen Nelkenstock geschenkt; wer weiß, ob ich für meinen so viel bekommen hätte?" Da nahm sie das eine Geldstück, seufzte und warf es in den Fluß hinab; dann eilte sie ihrem Dorf zu.

Als sie aber so an dem Ufer des Flusses hinging und daran dachte, wie sich ihre Mutter freuen würde, da stand ein Fischer in seinem Kahn und hatte sein Netz ausgeworfen. Er war gerade dabei, es herauszuziehen; aber es war so schwer, daß er es allein nicht herausbringen konnte. Da rief er dem Mädchen und bat es, ihm zu helfen. Das Mädchen bedachte sich nicht lang, sondern half ihm ziehen, und der Fischer tat einen gar reichen Fang. „Da hast du auch etwas!" sagte er und gab ihr einen großen Fisch. Sie dankte ihm und ging weiter.

Wie sie aber auf den Hügel gekommen war, da begann sich die Sonne zu neigen und sie eilte, nach Hause zu kommen. Am Weg jedoch saß ein Vogelsteller und rief dem Mädchen zu: „Sieh, da ist ein Raubvogel in meine Schlinge geflogen und hat sie zerrissen; willst du mir nicht knüpfen helfen? Wenn ich nicht schnell damit fertig werde, so ist es zu spät!" Da bedachte sie sich einen Augenblick; denn der Abend brach schon herein.

Sie half dem Mann aber doch, und als sie fertig war, zog er einen Vogel aus seinem Netz und sprach: „Es ist der einzige, den ich heute gefangen habe; ich will ihn dir aber für deine Güte schenken; jetzt kann mir's nicht mehr fehlen!" Da nahm das Mädchen den Vogel, dankte und ging eilenden Schrittes weiter. Die Sonne sank unter und es begann, dunkel zu werden.

Da eilte sie immer mehr; als sie aber an einen Kreuzweg kam, stand ein alter Mann da, der jammerte und rang die Hände. „Ach, sei barmherzig!" sagte er zu dem Mädchen. „Hilf mir!" — „Was fehlt euch denn?" fragte sie. — „Ach!" antwortete er. „Da sollte ich für meinen Herrn einen Sack Erbsen holen, der ist mir aufgegangen und es sind eine Menge Erbsen herausgefallen. Meine Augen sind aber so blöde, daß ich sie nicht mehr finden kann, und wenn ich sie nicht alle nach Hause bringe, so jagt mich

mein Herr fort!" Da hatte das Mädchen Mitleid mit dem armen Alten und half ihm suchen, und als sie alle Erbsen aufgelesen hatte, wünschte sie ihm „Gute Nacht!" und wollte weitergehen. Doch der Alte sagte: „Ich kann deinen Dienst nicht belohnen; denn ich habe nichts Eigenes; aber vielleicht findet sich einmal Gelegenheit, daß ich dir dienen kann!"

Nun ging das Mädchen weiter und kam erst zu seiner Mutter, als es schon ganz Nacht war. Die Mutter hatte große Angst um sie gehabt; wie sie aber hörte, was ihr begegnet war, freute sie sich.

Mariechen holte den Fisch, den sie mitgebracht hatte, um ihn zum Abendessen zu kochen, öffnete ihn und nahm die Eingeweide heraus. Da schien es ihr, als ob in dem Magen etwas Hartes wäre; sie schnitt ihn auf und sieh' da, in dem Magen lag dasselbe Geldstück, das sie ins Wasser geworfen hatte.

Sie brachte es voller Freude der Mutter; diese aber meinte: „Das muß eine wunderbare Frau sein, die dir den Nelkenstock gegeben hat; wenn es nur keine Zauberin ist; geh, ich mag den Fisch gar nicht essen!"

Das Mädchen war aber sehr betrübt, daß der schöne Fisch verderben sollte; sie bereitete ihn doch zu, und als er fertig war, sagte sie zu der Mutter: „Ach, wie der Fisch so köstlich riecht! Der schmeckt gewiß recht gut!" Da ließ sich die Mutter bereden und aß davon und es ward ihr sehr wohl darauf; den andern Morgen konnte sie sogar schon wieder aufstehen und im Hause herumgehen.

Am nächsten Tag meinte das Mädchen: „Ich will heute den Vogel braten, den mir der Vogelsteller geschenkt hat!“ Sie rupfte ihn, schnitt ihn auf und nahm die Eingeweide heraus. In dem Kropf aber waren viele kleine Körner von verschiedener Größe.

„Was mögen denn das für Körner sein?“ dachte das Mädchen. „Ich will sie doch einmal der Mutter zeigen!“ Aber die Mutter wußte es nicht; doch meinte sie: „Wir wollen sie aufheben und im Gärtchen säen!“

Als der Vogel zubereitet war, aß sie ihn und wurde nun so gesund, daß sie aus dem Haus gehen und ihr kleines Feld bearbeiten konnte wie vorher.

So verging der Sommer und der Winter folgte. Mutter und Tochter spannen Flachs und ernährten sich redlich. Aber als der Frühling gekommen war und die Felder bestellt wurden, da gruben Mutter und Tochter auch ihr Gärtchen um und pflanzten allerlei Gemüse. „Ei, sieh doch!“ sagte die Mutter. „Da hätte ich bald die Körner vergessen, die du vorigen Sommer gefunden hast!“ Sie holte die Körner aus dem Wandschrank und säte sie in eine Ecke des Gartens.

Nach einiger Zeit kamen allerlei Pflänzchen hervor; die wuchsen heran und fingen bald zu blühen an. Es wurden aber ganz köstliche Blumen. Ihre Büsche waren groß und stattlich und aus den Stengeln wuchsen herrliche Kronen heraus, die neigten sich zur Erde; wenn man sie jedoch aufhob, so sah man ein paar Tropfen darin wie Tau, und alle Nachbarn, die vorbeigingen, blieben stehen und sagten: „Seht doch, was für schöne Blumen das sind!“ Niemand aber wußte zu sagen, was für Blumen das waren oder wie sie hießen.

Ein vornehmer Graf, der in der Gegend einen prächtigen Garten hatte, erhielt einst ein Buch; in dem waren alle Kräuter und Blumen nach der Natur gemalt. Da schickte er seinen Gärtner aus in fremde Länder, wo solche Pflanzen wuchsen, und ließ sie kaufen und in seinen Garten setzen.

Er hatte nach und nach alle bei sich heimisch gemacht bis auf eine, die nannte man Kaiserkrone; sie konnte er nirgends finden, so viele Mühe er sich auch gab. Schon zweimal hatte sein Gärtner alle Länder durchreist, überall gefragt und geforscht; aber die Kaiserkrone konnte ihm niemand verschaffen.

Da ging der Graf einmal auf die Jagd und kam an dem Garten vorbei, wo Marie mit ihrer Mutter wohnte. Hier sah er in der Ecke die seltenen Pflanzen stehen und war voll Erstaunen, als er so die Kaiserkrone erblickte.

„Die muß ich um jeden Preis haben!“ dachte er, trat schnell in das Haus und fragte, ob sie ihm nicht eine solche Blume verkaufen wollten.

„Von Herzen gern!“ antwortete die Frau und bat den vornehmen Mann, sich eine herauszusuchen oder sie alle mitzunehmen. Er wählte aber nur eine und wollte der Frau dafür ein großes Geschenk machen; doch sie nahm nichts an. Inzwischen zog am Himmel ein Gewitter herauf und es fing an, zu regnen, so daß der Graf sich entschließen mußte, den Regen hier abzuwarten.

Unterdessen erzählte ihm die Mutter ihre Geschichte und besonders, wie sie zu den Kaiserkronen gekommen sei. Darüber verwunderte sich der Graf und sprach: „Aus alle dem sehe ich, daß ihr ein besseres Schicksal verdient; kommt mit mir auf mein Schloß, dort will ich euch gut versorgen!“

Darauf ging er heim und schickte einen großen schönen Wagen; die

Mutter und Marie setzten sich hinein und fuhren auf das Schloß. Dort wies ihnen der Graf ein hübsches Häuschen im Garten an, wo sie die Blumen begossen, die Hühner fütterten und recht glücklich lebten.

Nach einiger Zeit ward einmal aus der Küche ein goldenes Löffelchen entwendet und der Graf fragte jedermann danach; aber niemand wollte etwas davon wissen. Da faßte er den Verdacht, ob nicht Marie sich vergessen und den Löffel entwendet haben könnte. Er ließ sich jedoch nichts merken und wartete. Am folgenden Tag aber kam ein alter Mann; der verlangte mit dem Grafen zu sprechen.

Als er zu ihm kam, zog er das goldene Löffelchen hervor und sprach: „Das wird wohl euch gehören; ich kenn' es am Wappen!" — „Und wo habt ihr es her?" fragte ihn der Graf. — „Ich habe es von einem Mädchen", erwiderte er, „die nennt man die Narbenliese, weil sie so viele Narben im Gesicht hat. Sie sagte, sie hätte es gefunden, und gab mir's zum Verkaufen; ich dachte mir aber gleich, daß es nicht ganz richtig mit dem Finden sei, und hab' es daher euch gebracht!" Da schenkte der Graf dem Mann noch einmal so viel, als das Löffelchen wert war; die Narbenliese wurde aber als Diebin bestraft. Marie jedoch ließ der Graf sehr gut erziehen und sie lebte nachher noch lange recht glücklich. Der alte Mann aber war derselbe, dem Mariechen einst die Erbsen hatte auflesen helfen.

Der Wunderhahn.

Mit einem großen Tragkorb auf dem Rücken, in dem allerlei Federvieh saß, ging ein alter Mann der Stadt zu, um sein Geflügel zu verkaufen. Schon Jahre lang betrieb er sein Geschäft und hatte sein dürftiges Auskommen dabei; aber ersparen konnte er sich nichts; was er heute verdiente, das verbrauchte er morgen.

Seine Glieder waren nun durch die Last der Jahre steif geworden und er dachte voll Sorgen an das Ende seines Lebens. „Wie wird es mir ergehen“, sprach er zu sich selbst, „wenn mich meine Beine nicht mehr in die Stadt tragen? Weib und Kind hab' ich nicht, die mich pflegen könnten; wer wird sich dann meiner annehmen, wenn ich vor Schwäche mir und anderen zur Last bin?“ Während er so mit sich selber sprach, hörte er hinter sich eine Stimme, die klang sanft wie Flötentöne; er sah sich um, entdeckte aber nichts. Da ging er weiter; die Stimme erscholl jedoch aufs neue. Obgleich er sich indessen schnell nochmals umwandte, konnte er nicht erkennen, woher sie kam. Da stellte er seinen dicken Knotenstock unter den Tragkorb und lehnte ihn an einen Eichbaum; er selbst aber zog die Arme aus den Tragriemen, um sich besser umsehen zu können. Da schien es ihm, als kämen die Töne aus seinem Korb; er hielt daher das Ohr daran und deckte das alte Tuch, das er darüber gehängt hatte,

ein wenig auf. Da sah er, daß ein Hahn auf der Stange saß und so schön sang. „Ei, das ist ja ein Wundervogel, den ich da habe!“ sprach er erfreut. „Ich trage schon dreißig Jahre Hühner in die Stadt; aber so ein Hahn ist mir noch nie vorgekommen. Der soll mir einmal gut bezahlt werden!“ — „Nur nicht zu gut,“ sagte auf einmal der Hahn „es möchte dich sonst gereuen!“ Als der Mann hörte, daß der Hahn gar auch sprechen konnte, vermochte er vor Erstaunen nichts zu erwidern; eilig nahm er den Tragkorb auf den Rücken und lief, was er laufen konnte, nach der Stadt.

Aber sein allzu großer Eifer ließ bald nach; denn der Weg war weit und er begann müde zu werden. Darum setzte er den Korb nieder und schaute mit Bangen, ob der kostbare Hahn noch da sei. Der Hahn saß noch auf der Stange und sprach: „Lieber Mann, wenn du mir einen großen Dienst erweisen und dir manches Schlimme sparen willst, so öffne den Korb und laß mich fliegen!“ — „Dich soll ich fliegen lassen?“ sagte der Mann. „Wie kommst du auf solche Gedanken? Ich will dich um Gold verkaufen und meine alten Tage dann in Freuden verleben. So einen seltenen Vogel fängt man nicht alle Tage!“ — „Nun, wenn ich doch verkauft werden soll“, sagte der Hahn, „so verkaufe mich der Königin! Sie wird dich gewiß reichlich belohnen; aber wenn du meinem Rat folgen willst, so behalte von dem, was sie dir gibt, nur das, was dir das Geringste däucht, und laß ihr das Übrige! Es bringt dir doch keinen Segen!“ „Dafür laß mich nur sorgen!“ sagte der Alte. „Ich will schon tun, was mir gut dünkt!“

Damit nahm er den Korb wieder auf den Rücken und ging, wenn auch weniger eilig, in die Stadt. Der Hahn aber ließ von Zeit zu Zeit seine Flötentöne hören, und wer dem Mann begegnete, der fragte ihn: „Ei, sagt mir doch, was für einen kostbaren Vogel habt ihr denn in eurem Korb; ihr handelt ja sonst nur mit Hühnern und Gänsen?" — „Das ist ein Königsvogel!" erwiderte der Alte kurz und ging weiter.

Diesmal aber ging er gar nicht auf den Markt wie sonst, sondern eilte schnurgerade zum königlichen Schloß. Dort trat er in die Küche und setzte seinen Korb am Herd nieder.

„Wir brauchen keine Hahnen", sagte der Koch, „ich habe gestern schon eingekauft!" — „Das glaube ich!" lachte der Mann. „Aber einen Hahn, wie meinen hier, habt ihr gewiß nicht! Hört nur einmal!" Bei diesen Worten sang der Wunderhahn wieder mit herrlicher Stimme, sodaß der Koch und alle Küchenjungen verwundert lauschten. „Das ist etwas Unerhörtes!“ sagte der Koch. „Den muß ich unserer gnädigen Frau, der Königin bringen!“ Da holte er einen prächtigen großen Käfig mit vergoldeten Drähten und setzte den Wunderhahn hinein, hieß den Mann warten und trug den Vogel zur Königin.

„Gnädige Königin!“ sprach er. „Da bring' ich euch einen Hahn, wie gewiß noch keiner in eurem Palast gesehen worden ist!“ — „Nun, was ist denn das?“ sagte die Königin. „Das ist ja ein ganz gewöhnlicher Hahn, wie man ihn alle Tage sieht! Ich habe geglaubt, du bringst mir vielleicht einen seltenen Vogel aus fremden Landen; aber der Hahn da sieht aus wie alle anderen auch. Oder hat er vielleicht besondere Eigenschaften an sich?“ — „Das ist es eben, gnädige Königin!“ sagte der Koch. „Den sollt ihr einmal singen hören!“

Da fing der Vogel, als ob er es verstanden hätte, an, zu singen, und die Königin war entzückt von seiner wunderbaren Stimme. „Den muß ich haben!“ sprach sie. „Rufe gleich denjenigen, dem er gehört!“ Da rief der Koch den Alten herauf; der verbeugte sich tief vor der Königin und frug, was sie von ihm begehre. „Den wunderbaren Hahn möchte ich haben!“ sprach sie. „Was fordert ihr dafür?“ — „Er steht zu euren Diensten!“ sagte der Mann. „Gebt mir dafür, was euch beliebt!“

Da ging die Königin zu einem Schrank und nahm daraus einen Beutel, der war mit Goldstücken gefüllt bis obenan. Den gab sie dem Mann und sprach: „Ich denke, ihr werdet zufrieden sein!“

Der Alte verbeugte sich tief und wollte fortgehen; als er aber schon vor der Türe war, ließ ihn die Königin noch einmal rufen und sagte: „Hört, ich habe mich bedacht und gefunden, daß die Belohnung, die ich euch für den kostbaren Vogel gab, doch zu gering ist. Solche Seltenheiten können nur mit anderen Seltenheiten bezahlt werden. Nun hat mir vor einiger Zeit ein Mann, der viele fremde Länder durchreiste, ein Stückchen Holz mitgebracht, das die Kraft haben soll, den glücklich zu machen, der sich seiner auf die rechte Weise bedient. Wenn ihr im Unglück seid, braucht ihr nur ein Stückchen davon abschneiden und verbrennen, so wird sich euch bald eine Gelegenheit bieten, daß ihr jemandem einen großen Dienst erweisen könnt; den tut ihm und ihr werdet reichlich dafür belohnt werden. Aber seht euch wohl vor, daß ihr auch alles erfüllt, um was er euch bittet; denn sonst wird es euch nicht viel nützen!“

Der Alte schüttelte den Kopf; er nahm aber das Hölzchen doch an und ging eilig von dannen, so eilig, daß er vergaß, seinen Hühnerkorb aus der

Küche mitzunehmen. Als es ihm vor der Stadt einfiel, da dachte er: „Nun ist mir an dem Korb auch nichts mehr gelegen, den mag ein anderer tragen; jetzt will ich mir's wohl sein lassen!"

Wie er daheim angekommen war, holte er sogleich den Zimmermann; der mußte sein altes Häuschen niederreißen und ihm ein neues, viel größeres Haus erbauen; er kaufte sich schöne Stühle, Tische und Kleider, aß und trank gut und lebte herrlich und in Freuden. Seine Nachbarn aber konnten

nicht begreifen, wo der Mann den Reichtum her hatte. „Bei dem ist das Glück recht eingekehrt!" sagten sie. „Wenn es doch auch einmal über Nacht zu uns käme!"

Der Alte lebte nun eine Zeit lang sehr vergnügt in seiner neuen Wohnung. Aber wenn er in seinen Garten ging und sah die schönen Felder der Nachbarn und das Ritterschloß, das vor ihm auf einem Berg lag, und er dachte, was der Ritter da oben für ein lustiges Leben führte, da kam es ihm vor, als sei sein Häuschen doch gar zu klein und sein Reichtum sei gegen den des Ritters für nicht mehr zu achten als ein Glas Wasser gegen einen Brunnen.

Da ward er traurig und es reute ihn, daß er den kostbaren Hahn so wohlfeil weggegeben hatte. „Was bin ich denn jetzt mehr, als ich vorher war?" sprach er zu sich. „Es ist wahr, ich habe ein neues Haus und einen schönen Garten; ich brauche nicht dreimal in der Woche in die Stadt zu gehen und meinen schweren Korb zu tragen; ich kann mehr und besser essen und trinken als meine Nachbarn — aber was habe ich im ganzen gewonnen? Werde ich darum von anderen mehr geehrt? Meine Nachbarn reden noch gerade so mit mir wie früher, und wenn sie mich grüßen, so sagen sie: „Guten Abend, Hans!“, als wenn ich noch den Hühnerkorb auf dem Rücken hätte! Nein, das muß anders werden! Aber wie? . . . Halt, da fällt mir ein, die Königin hat mir ja das Hölzchen gegeben, das die wunderbare Eigenschaft haben soll, Unglückliche glücklich zu machen. Das will ich doch einmal probieren! Unglücklich bin ich zwar nicht, was man so sagen kann; aber bin ich denn glücklich? Das ist eine andere Frage. Nein, ich bin's nicht, solange ich kein Rittergut habe und kein Schloß wie der gestrenge Herr da oben!“

Damit ging er ins Haus und suchte das Stückchen Holz, das er in eine Ecke geworfen hatte. Er nahm es, trug es in die Küche und zündete ein Feuer an; dann schnitt er ein kleines Stückchen ab und warf es hinein. Er erwartete nun, daß die Mauer sich öffnen und eine Fee heraustreten werde, die ein paar kleine Dienstleistungen von ihm begehren und ihn dann reichlich belohnen werde; aber die Mauer tat sich nicht auf. Statt dessen klopfte es an der Tür' — er ging hin, um zu sehen, wer da sei.

Draußen aber stand ein armer alter Mann, noch viel älter als er

selbst, und bat um ein Stücklein Brot. „Ich habe jetzt keine Zeit!“ brummte der Alte, schloß die Türe schnell hinter sich zu und ging wieder in die Küche, um zu sehen, ob die Fee noch nicht da sei. Aber sie war noch nicht da.

Da dachte er, vielleicht sei das Stückchen Holz zu klein gewesen, daß der Geruch nicht zu ihr habe dringen können.

Er schnitt darum ein größeres ab und warf es in die Flammen; aber die Mauer tat sich auch jetzt nicht auf. An der Türe jedoch klopfte es wieder. Er ging schnell hin und öffnete sie und der Bettler bat nochmals um eine kleine Gabe. „Ich habe jetzt keine Zeit!“ gab er ihm grob zur Antwort. „Ich habe wichtigere Geschäfte!“

Als er in die Küche kam, war die Fee noch immer nicht zu sehen; da schnitt er ein drittes Stück ab und warf's in die Flammen, sodaß ihm nur ein kleines Restchen übrig blieb. Aber es verbrannte und er sah und hörte nichts als das Klopfen des Armen. „Ich habe euch schon gesagt“, rief er, „daß ich jetzt keine Zeit habe. Laßt mich in Ruh' und geht eurer Wege!“

Darauf ging er wieder in die Küche und sah nach der Fee; aber sie war nicht da. Jetzt wurde er ungeduldig. „Ich habe es gleich gedacht“, sagte er „daß es nichts mit dem einfältigen Holz ist. So wird man in der Welt angeführt. Da hat mir der Wunderhahn gesagt, ich solle von dem, was die Königin mir gebe, nur das Geringste nehmen. Hätt' ich's getan, was hätt' ich jetzt? Und die Königin glaubte mir auch was Rechtes zu schenken, als sie mir das Wunderholz gab. Ja, da habe ich was Richtiges daran! Fort damit; sonst ärgert es mich, wenn ich es nur ansehe!“ Damit warf er es zum Fenster hinaus in den Garten, wo eine Menge Holzspäne aufgehäuft waren.

In der Nacht aber kamen Diebe; die stiegen zum Schornstein herein, schlichen sich an sein Bett und drohten ihm mit dem Tod, wenn er einen Laut von sich gebe. Dann räumten sie seine Schränke und Kisten aus und nahmen

ihm sein Geld und seine schönen Kleider und, als sie alles ausgeleert hatten, machten sie sich davon. Der alte Hans erhob zwar jetzt Lärm und rief seine Nachbarn zusammen; aber die Diebe waren nicht mehr einzuholen. Da betrübte er sich sehr, schloß sich den ganzen Tag ins Haus und ließ sich nicht sehen. Aber der Hunger trieb ihn am Abend heraus. Er ging zu einem Nachbarn und bat ihn, ihm einiges Geld zu leihen, was dieser auch gerne tat. Da kaufte sich Hans Lebensmittel und lebte einige Tage davon; er ging aber nicht aus; denn er schämte sich, in den alten Kleidern, die ihm die Diebe gelassen hatten, sich zu zeigen. In der dritten Nacht jedoch entstand Feuer in seinem Haus und es brannte so schnell, daß er sich kaum retten konnte. Ans Löschen war gar nicht zu denken; denn ein brausender Sturmwind trieb die Flammen immer wieder zu neuer Wut an. Noch keine Stunde war vergangen, da war Hans so arm, wie er einst gewesen. Sein Nachbar, der ihm das Geld geliehen hatte, nahm dafür den Garten in Beschlag und ihm blieb nichts übrig als sein alter Rock, ein Stock, ein Bettelsack und ein Herz voll Kummer und Sorge. Da verwünschte er den Tag, als der Wunderhahn in seinen Tragkorb gekommen war, und die Stunde, da er ihn der Königin verkaufte. „Jetzt bin ich ärmer als arm!“ seufzte er und ging jammernd um die Brandstätte.

Wie er aber so über die Trümmer hinsah, da erblickte er auf einem Haufen ausgebrannter Kohlen das Stückchen Holz, das er vor ein paar Tagen aus dem Fenster geworfen hatte. Er hob es auf und verwunderte sich, daß es bei dem gewaltigen Feuer nicht verbrannt war. „Das ist doch seltsam!“ sprach er bei sich. „Das Holz muß etwas Besonderes an sich haben. Sollte es mir doch vielleicht noch Glück bringen? Nun, ich will es einmal versuchen!“ Darauf nahm er Abschied von seinen Nachbarn und jeder schenkte ihm ein großes Stück Brot oder einen Kreuzer Reisegeld; denn der arme Hans dauerte sie nun doch in seinem Unglück, obwohl er im Glück so hochmütig gewesen war.

Er ging fort und wußte nicht, wohin er sich wenden sollte. Als er in einem großen Wald an eine freie Stelle kam, sammelte er eine Hand voll dürres Gras und Reiser und zündete ein kleines Feuer an; dann warf er das Stückchen Holz hinein und seufzte dabei: „Das ist das letzte; wenn das nicht hilft, so weiß ich nicht, was ich anfangen soll!“ Das Stückchen Holz war aber noch nicht ganz verbrannt, da rauschte es oben in den Ästen der Bäume und er sah, wie ein Adler herabflog, der etwas in seinen Klauen trug und es auf den Boden legte. Er besann sich nicht lange, sondern griff nach einem Stein und traf den Adler so geschickt auf den Kopf, daß er tot zu Boden fiel. Dann lief er hin, um zu sehen, was der Vogel in seinen Krallen gehabt hatte; aber wie erstaunte er, als er ein kleines Kind fand, das in feine Windeln und Decken gehüllt war.

„Das ist mir doch ein wahres Unglücksholz!“ rief er aus. „Kaum habe ich das erste Stück verbrannt, da kommen die Diebe und rauben mir alles; ein Wunder ist's, daß sie mich am Leben gelassen haben. Dann brennt mir gar das Haus ab und ich bin wiederum ein elender Bettler. Nun, da ich mein Glück zum letzten Mal versuche, führt mir das Unheil den Adler daher und der bringt mir ein Kind! Was soll ich damit anfangen? Bin ich nicht selber arm genug? Wie kann ich denn für das Würmlein sorgen? Aber ich darf's doch nicht liegen lassen; denn das wäre gottlos!“

Da nahm er das Kind auf den Arm und wollte weiter gehen; doch fiel ihm der Adler ein. „Den will ich auch mitnehmen!“ sagte er. „Denn die Leute glauben mir sonst nicht, wenn ich ihnen die Geschichte erzähle!“ Bald kam er auf einen einzelnen Hof; dort gab ihm eine mitleidige Bäuerin zu essen und kochte dem Kindlein einen Brei und fütterte es, bis es satt war.

Als es aber eingeschlafen war, nahm es der Alte auf den Arm und ging weiter. Er war noch nicht weit gekommen, da hörte er hinter sich Pferdegetrappel und ein feingekleideter Reiter hielt bei ihm an und sprach: „Sagt, habt ihr nicht einen Adler gesehen, der etwas in seinen Krallen trug?“ — „Ja freilich!“ antwortete der Alte. „Wenn ihr ihn sehen wollt,

da ist er! Aber ich will euch lieber zuerst zeigen, was er getragen hat!" Damit hob er die Decke auf und das Kindlein schlief so ruhig, als ob ihm heute noch nichts geschehen sei.

Wie aber der Reiter das Kind erblickte, nahm er es in seine Arme und rief hocherfreut: „Gott sei gedankt! Ich habe mein Kind wieder!" Darauf mußte ihm der Alte erzählen, wie er dazu gekommen sei. Der Reiter jedoch sprach: „Ihr sollt dafür belohnt werden; was soll ich euch geben? Soll ich euch Geld geben oder soll ich euch ein Haus bauen?" — „Ich danke euch!" sagte der Alte, der durch Unglück weise geworden war. „Wer Geld besitzt, dem stellen die Diebe nach, und wer ein Haus hat, dem kann es abbrennen und er wird ärmer, als er zuvor war. Wenn ihr mir eine Gnade erweisen wollt, so nehmt mich zu euch und behaltet mich bis an mein Ende; denn ich bin alt und meine Beine werden mich nicht mehr weit tragen!" — „Das soll gerne geschehen!" sagte der Reiter. „Für jetzt setzt euch einen Augenblick nieder!" Darauf nahm er das Kind unter seinen Mantel und ritt so schnell, als das Pferd laufen konnte, davon.

Der Reiter aber war ein reicher Graf; der hatte sein Schloß auf einem Berg und wohnte dort mit seiner Gemahlin und seinem einzigen Söhnlein. Am Morgen war die Amme mit dem Kinde in den Garten gegangen und hatte es unter einen blühenden Rosenstock gelegt und einen Augenblick allein gelassen. Da kam ein großer Adler, packte das Kind und trug es davon, ehe die Wärterin hinzueilen konnte. Der Graf und seine Gemahlin waren vor Schrecken außer sich, daß sie ihr einziges Kind verloren haben sollten. Jetzt, da er es wieder hatte und mit ihm in den Schloßhof einritt, eilte ihm seine Gemahlin entgegen und rief ihm ängstlich zu: „Hast du unser Kindlein?“ Da reichte er ihr's hin und sie nahm es und küßte es und vergoß Tränen der Freude, wie sie nur eine Mutter über ihr verloren geglaubtes Kind weinen kann. Dann aber erzählte ihr der Graf, wie alles gekommen war, und sie schickten einen schönen Wagen hinaus, der mußte den alten Hans auf das Schloß führen und der Graf und die Gräfin konnten nicht aufhören, ihm ihre Dankbarkeit zu bezeugen. Da erkannte Hans, daß es doch noch kostbarere Güter gebe als Gold und Silber, nämlich den Dank aus lauterem Herzen, den man sich verdient. Der Graf aber sprach: „Ihr sollt bei mir bleiben, so lange ihr lebt!“ Er wies ihm eine schöne Stube an, so schön, wie Hans auch in seinem neuen Hause keine besessen hatte. Da lebte er denn ruhig und zufrieden, fütterte die Hühner und die Tauben, die Pfauen und Fasanen, und, als der kleine Graf heranwuchs, schnitt er ihm schöne Steckenpferde und

lehrte ihn Ball werfen und Kegel schieben, wie er's selber in seiner Jugend gelernt hatte. So lebte er noch manches Jahr in Zufriedenheit und starb endlich, betrauert von allen, die ihn kannten.

An dem Ufer eines klaren Bächleins ritt einmal ein Königssohn und sah, wie die kleinen Fische lustig im Wasser herumschwammen, wie die Sonnenstrahlen in den Wellen sich mannigfaltig brachen und die Farben des Regenbogens in schönem Glanze ihm entgegenwarfen; denn es war an einem warmen Sommertag.

Da erblickte er auf einmal eine Schlange, die aus einem Felsen hervorschlüpfte und zu dem Bächlein eilte; er hielt darum sein Pferd an und betrachtete sie. Ihre Farbe war wunderschön; goldene und silberne Schuppen wechselten auf ihrem Rücken und leuchteten weithin, wenn die Sonnenstrahlen darauf fielen. Auf ihrem Kopf aber trug sie eine Krone; die übertraf alle Schätze der Welt. Sie schien aus einem einzigen Diamant gemacht und glänzte so stark, daß er sich fast die Augen zuhalten mußte. Die Schlange legte nun diese Krone auf einen Stein am Wege und glitt dann in das kühle Wasser, um sich darin zu baden.

Der Königssohn aber näherte sich dem Stein, stieg schnell ab, nahm die Krone, schwang sich wieder auf sein Pferd und sprengte im Galopp davon. „Das ist eine Kostbarkeit", sagte er „wie mein Vater keine in seiner Schatzkammer hat! Was für ein dummes Tier ist die Schlange doch; ich habe immer von der Klugheit der Schlangen sprechen hören und ihre Königin — denn das muß sie wohl gewesen sein — legt ihre Krone einfach an den Weg, wo sie jeder wegnehmen kann!"

So sprach er für sich und betrachtete bald das köstliche Kleinod, bald machte er sich über die Schlange lustig, bald dachte er an die große Belohnung, die ihm sein Vater erteilen werde.

Auf einmal hörte er hinter sich ein sonderbares Pfeifen und Zischen. „Es wird der Wind sein", dachte er „der durch die Zweige der Bäume streicht!" Aber das Pfeifen und Zischen kam immer näher und nun rauschte es schon dicht hinter ihm.

Da sah er sich um und gewahrte viele tausend Schlangen mit der Königin an der Spitze — die verfolgten ihn. Es war vergeblich, daß er sein Pferd zu stärkerem Springen antrieb — die Schlangen übertrafen es an Schnelligkeit. Schon wollten sich einige um des Pferdes Füße winden und es niederwerfen, da ward ihm um sein Leben bange und er schleuderte ihnen die Krone zu in der Hoffnung, daß sie ihn nun freilassen würden.

Die Schlangen ließen auch wirklich für den Augenblick von ihm ab; als jedoch die Königin ihre Krone wieder aufgesetzt hatte, verdoppelten sie ihre Schnelligkeit und waren bald nahe hinter ihm. Er warf seinen Hut nach ihnen; aber obgleich ein Teil der Schlangen zurückblieb und ihn ganz durchlöcherte, so verfolgten ihn doch noch viele, hingen sich an das Pferd und

wickelten sich um seine Beine, bis es niederfiel. Da ließ es der Königssohn im Stich und floh zu Fuß der Stadt zu.

Der König aber stand oben an einem Fenster und sah, wie der Jüngling voll Schrecken in den Palast hereinlief.

„Was ist dir widerfahren?“ fragte er ihn eilig. Da erzählte der Königssohn, was ihm begegnet war. Der alte König hörte aufmerksam zu; dann sprach er: „So weiß ich denn endlich, wo der Schatz zu finden ist! Schon seit zehn Jahren schicke ich insgeheim Boten durch alle Länder, um diese Schlangenkrone zu suchen; aber nie konnte ich dazu kommen, und doch hat mir ein weiser Mann versichert, daß eine Schlangenkrone mir großes Glück verschaffen würde. Geschwind, mein Sohn, zeige mir den Platz, wo du sie gesehen hast; ich will — ich muß diese Krone besitzen!“

Der Königssohn aber riet seinem Vater von einem so gefährlichen Unternehmen ab. „Seht“, sprach er „ich bin selbst nur mit Mühe dem Tod entronnen; begebt euch nicht in gleiche Gefahr!“ Der König jedoch ließ sich nicht abhalten. „Wenn du nicht mitgehen willst, so will ich es allein versuchen!“ rief er.

Dann ließ er sein schnellstes Pferd satteln und ritt hinaus an den Ort, den ihm sein Sohn bezeichnet hatte. Er war aber kaum an den Bach gekommen, als ein Heer von zahllosen Schlangen sich ihm entgegenstellte und ihm eine solche Furcht einjagte, daß er augenblicklich wieder umkehrte.

Doch gab er die Hoffnung noch nicht auf, die Schlangenkrone zu erlangen. Er schickte viele seiner besten Soldaten und Reiter an den Platz;

aber alle erschraken vor der Menge und dem Zorn der Schlangen so, daß sich keiner getraute, unter sie hinein zu reiten, und sie kehrten unverrichteter Sache wieder zurück. Da versprach der König dem, der ihm die Schlangenkrone bringen würde, einen Teil seines Landes und ließ das im ganzen Reich bekannt machen.

Zu dieser Zeit lebte in einem Tale ein Mann und eine Frau; die hatten früher keine Kinder gehabt. Der Mann war aber einst in den Wald gegangen und hatte da ein kleines Kind gefunden; das nahmen sie zu sich und zogen es auf und er und seine Frau hielten es wie ihr eigenes und liebten es wie ihre eigene Tochter. Das Mädchen wuchs heran und ward schön und fromm und hütete die paar Ziegen und Schafe, die den Reichtum ihrer Eltern ausmachten. Denn dafür hielt sie die Leute, bei denen sie war, und nannte sie Vater und Mutter.

Eines Tages jedoch, als das Mädchen auf einem Berg seine Ziegen und Schafe weidete, verlief sich ein Schaf in das Gebüsch. Das Mädchen eilte ihm nach; aber das Schaf sprang immer weiter und weiter, bis es ihm endlich ganz aus den Augen war. Da kam das Mädchen an den Eingang einer Höhle und, da es glaubte, das Lamm möchte sich wohl dahinein verlaufen haben, ging es

auch hin. Doch fand es das Schaf dort nicht. Weil ihm aber am Ende der Höhle ein sonderbares Licht entgegenstrahlte, folgte es diesem.

Der Glanz zog sich jedoch immer wieder vor ihr zurück; da fürchtete sie, den Rückweg nicht mehr zu finden, und wendete sich um; sobald sie aber den ersten Schritt getan hatte, wich der Boden unter ihren Füßen und sie sank in eine zweite tiefe, tiefe Höhle hinab. Sie war indessen nicht gefallen, sondern nur ganz sanft hinabgeglitten. Als sie sich dort umsah, befand sie sich in einem großen unterirdischen Gemach; das wurde von glänzenden Säulen getragen. Die Wände schimmerten von Edelsteinen und erleuchteten es so wie mit Tageslicht; die rundgewölbte Decke war von einem blauen, glänzenden Marmorstück und goldene Sterne bewegten sich daran wie am Himmel. An dem einen Ende des Gemaches aber stand auf einem weißen Felsen eine grüne Urne — die war aus einem Stein wie ein Blatt gearbeitet und darauf lag die Schlangenkönigin mit ihrer Krone auf dem Haupt. Das Mädchen ward von Staunen und Schreck ergriffen, als sie die große Schlange sah. Die Königin sah sie aber eine Zeitlang unverwandt an; dann pfiff sie und durch eine Öffnung in der Wand kamen zwei andere Schlangen; die eine trug ein Halsband mit Edelsteinen, die andere ein verschlossenes Kästchen an einem mit Diamanten besetzten Ring. Sie näherten sich dem Mädchen und richteten sich empor, als ob sie ihr beides geben wollten. Das Mädchen zögerte anfangs, es anzunehmen; als ihm aber die Schlangen mit dem Kopfe zunickten, nahm es die Gaben.

In demselben Augenblick wurde sie emporgehoben und stand wieder am Eingang der Höhle, durch den sie hereingekommen war. Sie trat hinaus und kam auf dem Berg bald wieder zu ihrer kleinen Herde; die trieb sie eilig nach Hause und erzählte ihren Eltern, was ihr begegnet war. Als sie aber das Kästchen öffneten, fanden sie darin eine prächtige Krone — die glänzte wie die Sonne am Mittag; denn sie war aus einem Diamanten gemacht. „Das

ist eine Schlangenkrone!" sagte der Vater. „Komm, laß uns zum König gehen und ihm die Krone bringen!"

Da zog das Mädchen die Sonntagskleider an und wollte das Halsband umlegen; aber es war viel zu klein; da knüpfte sie noch ein rotes Band daran und zog es so an und ging mit ihrem Vater zum König. Als sie vor ihn kamen, sprach der Mann: „Herr! Wir bringen euch die Schlangenkrone, nach der ihr so lange gesucht habt!“ Dabei öffnete er das Kästchen und zeigte ihm die diamantene Krone, die wie die Sonne glänzte. Der König war hocherfreut und ließ sich ausführlich erzählen, wie sie zu der Krone gekommen seien. Als sie aber mit dem Erzählen fertig waren, wurde der König sehr nachdenklich; er sah das Mädchen an und blickte darauf wieder nach einem Bild, das seine verstorbene Gemahlin vorstellte.

Dann ließ er eine Dienerin rufen und sprach zu ihr: „Kennst du dieses Mädchen?“ Die Dienerin hatte sie aber kaum gesehen, da rief sie laut: „So wahr ich lebe, Herr König, das ist eure Tochter, die euch als Kind geraubt worden ist! Seht doch hier das Halsband, das sie damals angehabt hat, und seht, wie sie eurer Gemahlin ähnlich ist!“

Da erzählte auch des Mädchens Vater, wie er das Kind gefunden und erzogen hatte. Nun erkannte der König, daß es seine Tochter sei, die ihm als ein kleines Kind geraubt worden war.

„So ist denn die Vorhersagung erfüllt worden!“ sprach er. „Ich habe

mit der Schlangenkrone großes Glück erfahren — ich habe mein lange verlorenes Kind wieder gefunden!“

Da ließ er dem Mädchen prächtige Kleider anziehen und setzte ihr die kostbare Krone aufs Haupt; dem Mann aber, der sie erzogen hatte, schenkte er ein großes Stück Land und ließ im ganzen Reich bekannt machen, daß er seine verlorene Tochter wiedergefunden habe. Und sie alle lebten noch lange reich beglückt.

Der Goldkäfer.

In einer leeren Nußschale, in die eine Maus ein Loch gebissen hatte, lebten einst zwei Käfer, Mutter und Sohn. Lange Zeit hatten sie friedlich zusammen gewohnt; endlich aber wurde es dem Söhnchen zu eng in der kleinen Behausung.

„Mutter," sprach er, „gebt mir ein Reisekleid; ich will in die Welt gehen und mir ein eigenes Haus suchen; es gefällt mir hier nicht mehr!" — „Bedenk' wohl, mein Sohn, was du tust!" erwiderte die Mutter. „Verachte nicht das, was du sicher hast! Freilich ist unsere Wohnung etwas eng und unbequem; aber wenn wir uns ordentlich einteilen, haben wir beide Platz genug. Sie ist auch gewiß nicht schön gelegen hier in der dichten Hecke unter dem feuchten Laub und die Sonne muß schon recht hell scheinen, wenn sie uns zur Haustüre hereinleuchten will. Aber wohnen wir hier nicht sicher? Der Regen dringt nicht durchs Dach und der Sturm fegt über uns weg. Wohl haben wir keine schöne Aussicht; doch wie wäre es, wenn unser Haus draußen an der Straße läge? Wie leicht könnte es da beschädigt werden? Darum bedenk', was du tust! Sicher wirst du viel schönere Wohnungen finden; aber glaube nicht, daß alles, was schön und angenehm ist, auch Dauer hat und Schutz gewährt! Ich fürchte, du wirst erst durch Schaden klug werden!"

„Das glaube ich doch nicht!" sagte der junge Käfer. „Die Welt ist groß und ich traue mir so viel zu, um unterscheiden zu können, was für mich paßt oder nicht. Ich hoffe im Gegenteil, euch von meinem guten Geschmack zu überzeugen und euch aus diesem düsteren Gefängnis zu erlösen!"

„Ich wünsche dir alles Glück, mein Sohn!" sprach da die Alte. „Wenn du durchaus willst, so kann ich nichts anderes tun, als dich ziehen lassen!" Darauf legte sie ihm sein neues goldglänzendes Röcklein an und, nachdem sie ihren lieben Sohn noch einmal geküßt hatte, flog dieser fort.

Nicht weit weg sprang eine klare Quelle aus einem Felsen; da setzte sich der junge Käfer auf einen Zweig über dem Wasser und betrachtete mit Wohlgefallen seine Gestalt und den Goldglanz seiner Flügel in dem spiegelnden Widerschein der Wellen. Er wurde zum ersten Mal ganz eitel und begann, eine sehr hohe Meinung von sich zu fassen. „Ich will ein Haus suchen, sagte ich zu meiner Mutter; ja, das will ich tun; aber es muß ein Haus sein, das meiner würdig ist — keine so einfältige Nußschale, die kein Mensch ansieht! Es muß prächtig und vornehm gebaut sein, hoch gelegen und von Wohlgerüchen umduftet!"

Mit dem festen Vorsatz, sich nicht eher niederzulassen, bis er ein solches Haus, seiner würdig, gefunden hätte, flog er davon und kam bald in einen großen Garten, in dem die schönsten Blumen blühten. „Da will ich mir ein Haus suchen!" sprach er. „So schön, wie noch kein Käfer eines bewohnt hat!"

Er flog auf alle Blumen und schaute hinein; aber keine dünkte ihm schön genug. Da sah er in einem Glashause noch einen besonderen Garten von seltsamen ausländischen Gewächsen, Bäumen und herrlichen Blüten. Er kroch schnell unter dem Fenster hinein und, als er um sich schaute, verwunderte er sich über die Pracht und Anmut der seltenen Pflanzen. Unter allen Blumen aber gefiel ihm eine besonders. Sie war auf einem seltsamen Stengel gewachsen, der fast wie ein behaarter Stock war und wenig Angenehmes an sich hatte.

Ganz oben aber erhob sich eine Blüte — die übertraf an Schönheit alles, was er je gesehen hatte. Von einem Kelch, der aus hundert grünen spitzigen Blättchen bestand, rings umschlossen, bildete sie ein hohles Haus, aus dem ein langer Büschel weißer Staubfäden sich hervorstreckte und einen köstlichen Geruch verbreitete.

„Das muß die Königin der Blumen sein!“ rief der Käfer. „Die werde ich mir zur Wohnung wählen!“ Er flog daher zu ihr und ging auf ihren Staubfäden wie auf einer Brücke hinein. Es war eine herrliche Wohnung, groß und schön gewölbt und von den feinsten Wohlgerüchen erfüllt.

Der Käfer konnte sich nicht genug über ihre Pracht wundern und sein Glück preisen, ein so herrliches Haus zu besitzen. Er breitete seine Flügel aus, wiegte sich auf den zarten spitzen Blättern und sprach voller Freuden bei sich: „O, wie bedauere ich meine Mutter, die in einer so schlechten Hütte wohnen muß! Wäre sie hier, wie sollte sie sich wundern! Wie groß, wie geräumig ist meine Wohnung! Wie schön ist sie gewölbt! Da kann kein Regen mir schaden und kein Sturmwind mich berühren!“ Endlich wurde es Nacht und er schlief so sanft, wie er in seinem Leben noch nie geschlafen hatte.

Er träumte von allen Herrlichkeiten, von denen ein Goldkäfer träumen kann, und wachte erst auf, als die Sonne zum Fenster hereinschien und summende Fliegen ihn aus dem Schlafe weckten. Er blickte umher — aber da war alles ganz anders als gestern. Die zarten Blätter waren verwelkt und hingen schlaff herab, die schönen langen Staubfäden waren eingeschrumpft und der köstliche Duft war verschwunden.

Er konnte nicht begreifen, wie das zugegangen sei. Er glaubte, sich zu täuschen, und rieb sich die Augen; aber die herrliche Königsblume war wirklich verwelkt, ihre Blätter senkten sich mehr und mehr und er fürchtete, daß sie ihn ganz einschließen möchten.

Darum schlüpfte er heraus und sah sich traurig um; da kam der Gärtner, schnitt die verdorrte Blume ab und warf sie fort. Dann nahm er die Pflanze und stellte sie in ein Eck, wo sie nun unscheinbar unter den anderen da stand.

„Meine Mutter hat doch Recht gehabt!“ sagte der Käfer zu sich selbst.

„Schön war sie — die Wohnung; aber die Herrlichkeit war gar kurz. Doch ich weiß, woran es liegt: Das sind lauter ausländische Gewächse, die hier in diesem Haus gezogen werden; die haben keine Kraft und Dauer. Nun will ich hinausfliegen ins Freie, wo die Blumen ohne Pflege blühen; dort will ich mir ein Haus suchen!"

Damit flog er durch ein offenes Fenster hinaus auf einen Berg; da stand ein wilder Rosenstock, an dem eine weiße Rose eben ihre Blätter in den warmen Strahlen der Sonne entfaltete und lieblich duftete. „Die Rose ist die Königin der Blumen, das habe ich oft sagen hören!" sprach der Käfer. „Sie soll meine Wohnung sein!" Er flog hinein und setzte sich in ihre Mitte. Je höher die

Sonne am Himmel stieg, desto mehr bogen sich die Blätter zurück; zog aber eine dunkle Wolke am Himmel herauf oder strich ein rauher Wind über die Haide, so schien sie ihre Blätter zusammen zu neigen und ein schützendes Dach über ihm zu bilden.

„Das ist nun eine herrliche Wohnung!" sprach der Käfer. „Sie ist freilich nicht so groß wie die vorige, nicht so zart und auch nicht ganz so wohlriechend; aber wie schön weiß sie sich nach dem Wetter zu richten, wie aufmerksam ist sie für ihren Gast! Ich bin überzeugt, sie wird sich heute abend schließen und morgen früh, wenn die Sonne kommt, die Türe wieder öffnen!"

Er hatte ganz richtig vorhergesagt; als es Abend ward, bogen sich die Blätter zusammen und schlossen sich endlich ganz zu. Der Käfer legte sich zufrieden zu Bett. Wie er am andern Morgen erwachte und die Sonne aufging, schloß die Rose nach und nach ihre Blätter wieder auf und der Käfer flog heraus und summte fröhlich sein Morgenlied.

Schon vor Abend kam er nach Hause. „Ich will sie nicht warten lassen“, dachte er, „sie wird die Türe bei Zeiten schließen!“ Bald ging die Sonne unter; die Rose schloß ihre Blätter wie am vorigen Abend und, da er glaubte, dies geschehe aus Sorgfalt für ihn, schlief er so zufrieden und selbstgefällig ein, daß er mit keinem Käfer in der ganzen Welt getauscht haben würde.

So ging es ein paar Tage und er fing wieder an, die übertriebene Vorsicht seiner Mutter zu bedauern. „Ich begreife nicht, wie sie nur so eigensinnig an der elenden Wohnung in der engen Nußschale hängen mag? Kann man schöner hausen als ich? Jetzt bleibe ich noch ein paar Tage hier; dann gehe ich heim und hole die Mutter. Sie soll mein Glück mit mir teilen!“ Er tat, wie er gesagt hatte, flog noch ein paar Tage im Sonnenschein herum, aß und trank und schlief in seiner schönen Wohnung.

In der dritten Nacht aber erhob sich ein starker Wind und schüttelte den Rosenstock mit stürmischer Wut. Anfangs freute sich der Käfer, daß er so wacker in den Schlaf gewiegt wurde; als jedoch der Sturm ärger tobte und ein gewaltiger Regen vom Himmel stürzte, da ward ihm Angst um sein schönes Haus. Er fürchtete sich auch nicht ohne Grund; denn ein starker Windstoß entblätterte plötzlich die Rose und der Regen strömte hinein, so daß der Käfer sich festhalten mußte, um nicht herausgeschwemmt zu werden.

Endlich riß der Sturm alle Blätter ab und warf ihn hinaus. Er breitete eilig seine Flügel aus und ward vom Wind weit hinweggeführt, bis er endlich auf einer Heide niederfiel. In der dunklen Nacht wußte er nicht, wo er sich dort bergen sollte; lange kroch er umher, bis er endlich unter einem Stein eine dürftige Zuflucht fand.

Als der Morgen anbrach und Sturm und Regen sich gelegt hatten, schlüpfte er hervor und trocknete sein beschmutztes Röcklein. „Was soll ich nun anfangen?“ sprach er bei sich. „Mein kurzes Glück ist schrecklich zu Wasser geworden. Ach, meine Mutter hatte doch Recht, als sie sagte, ich solle nicht auf das Schöne, sondern auf das Dauerhafte sehen! Aber soll ich nun wieder heimgehen? Nein, da müßte ich mich schämen! Was würde meine Mutter sagen? Wie würden mich die Kameraden auslachen? Lieber such’ ich mir ein anderes Haus!“

Er flog nun lange auf der Heide herum und gewahrte endlich eine Distel, die ihre dünnen, stachlichen Blumenblätter eben ein wenig öffnete; denn die

Sonne stand schon hoch und hatte die Feuchtigkeit aufgetrocknet. Er schlüpfte mit vieler Mühe hinein und rüttelte und schüttelte so lange, bis er die innersten Blätter ein wenig auseinander gedrückt hatte. „Es ist freilich ein schlechtes Bett!“ sagte er. „Aber es ist doch fest und dauerhaft; das wird so leicht kein Sturm zerreißen!“ Und er hatte sich nicht geirrt. Denn wenn ein Regen oder ein Sturm kam, so schloß die Distel ihre Blätter fest zu und kein Wind war imstande, sie zu zerstören.

Der Käfer gewöhnte sich an seine neue Wohnung und ward endlich recht zufrieden. „Wohl wohne ich nicht so bequem wie in der Rose!“ sprach er und seufzte dabei. „Die Blätter sind gar zu stachlich und hart und an Wohlgerüche darf ich nicht denken; aber ich wohne doch sicher und frei. Die Sonne scheint lustig in mein Kämmerlein und wenn ich so zum Fenster hinaussehe, liegt die Welt vor mir ausgebreitet, und fliegt eine Mücke oder ein Schmetterling an mir vorüber, so denken sie: „Seht doch, wie sitzt der zufrieden in seinem Nestchen!““

Da kam auf einmal ein seltsames Tier über die Heide; es war grau, hatte einen dicken Kopf und ein paar lange Ohren daran, die es bald vor=

bald rückwärts beugte. Es suchte auf dem Boden das sparsame Gras, das kümmerlich zwischen den Steinen hervorwuchs. Der Goldkäfer sah ihm lange zu und pries sich glücklich, daß der Esel nur Gras fresse. Endlich aber fand dieser die Distel. Er rupfte sie ohne Umstände ab und fing an, sie mit seinem scharfen Gebiß zu zermalmen. Der Goldkäfer erschrak darüber so sehr, daß er bewußtlos aus der Blume auf den Boden fiel. Als er wieder zu sich kam, sah er das scheußliche Tier noch in seiner Nähe, was ihn aufs neue so ängstigte, daß er eilig davonflog und nicht eher ruhte, als bis er wieder zu Hause war. Seine Mutter saß eben vor der Tür' und wunderte sich nicht wenig, ihr liebes Söhnlein, das auf ewig Abschied von ihr genommen hatte,

so bald wieder zu sehen. Er aber sprach kein Wort, sondern kroch schnell durch die enge Türe in die Nußschale. „Nun, wie ist es dir denn ergangen?" frug die Käfermutter. „Erzähl' mir doch!" — „Ach, wie habt ihr Recht gehabt!" sagte der junge Käfer. „Es ist mir arg schlecht ergangen und ich bitte euch, mir meine Torheit zu verzeihen!" Darauf erzählte er ihr seine ganze Geschichte und schloß mit den Worten: „Ja, ja, es ist nur zu wahr, durch Schaden wird man klug!"

Es war einmal ein kleines possierliches Kerlchen; das hieß Peterchen und war so winzig und unbedeutend, daß es sich einst im hohen Gras wie in einem Walde verirrte. Dabei war Peterchen aber von aufgewecktem Geist und, weil er hohe Sprünge machen und wie ein Eichhorn von einem Baum zum andern hüpfen konnte, nannte ihn jedermann das Springpeterchen.

Als Springpeterchen aus der Schule entlassen wurde, dachte es daran, ein gutes Handwerk zu erlernen, damit es ordentlich durch die Welt käme. Es ging darum zu einem Schmied; der wohnte am Berg in einem großen Wald. Zu dem sprach es ganz keck: „Meister, was muß ich euch geben, wenn ihr mich euer Handwerk lehrt?"

Da sah ihn der Meister an und erwiderte lächelnd: „Nichts, Peterchen; aber sag' mir, wozu soll ich dich denn brauchen? Was kannst du denn?" — „Mehr als Brot essen!" sagte Peterchen. „Nun, wenn das so ist", meinte der Schmied, „so will ich dich behalten!" Dann nahm er einen Stein und legte ihn an die Esse, setzte Springpeterchen darauf und sprach: „Schür' mir das Feuer, das soll deine Arbeit sein!"

Da schürte Peterchen das Feuer und warf Kohlen hinein und der Schmied freute sich, daß Peterchen schon so viel konnte. Wie das Eisen recht glühend war, sprang Peterchen von der Esse herab und, ehe es der Schmied merkte, war er schon wieder da. Er hatte aber ein wenig Wasser auf den Ambos getröpfelt; als nun der Schmied das heiße Eisen darauf brachte und mit dem Hammer zuschlug, gab es einen Knall, daß der ganze Berg davon erzitterte. Da sah sich der Schmied um und sagte: „Peterchen, hast du das getan?" — „Ja, Meister!" entgegnete Peterchen. „Ich sage dir", antwortete der Schmied „du hast mich rechtschaffen erschreckt!" — „Das glaub' ich!" sagte Peterchen. „Hab' ich euch nicht erklärt, daß ich mehr kann als Brot essen?"

Da bekam der Meister ordentlich Respekt vor seinem Lehrjungen und sprach: „Ich sehe schon, ich muß dich gleich weiter befördern; du bist zu gut zum Feuerschüren!" Darauf stellte er ihn an den Blasbalg. Das war dem Peterchen recht; da konnte er springen nach Herzenslust; denn weil er zu klein war, mußte er immer wieder in die Höhe hüpfen, um die Stange zu erreichen. Er versah sein Amt so gut, daß ihn der Schmied täglich lieber gewann.

Einmal brachte man ein Pferd, dem folgten zehn starke Männer; die sollten es festhalten, wenn es beschlagen würde; denn es wollte sich kein Eisen anschlagen lassen. Da sprach Springpeterchen: „Laßt mich nur gewähren; ich will dem Pferd ins Ohr sagen, daß es ruhig stehen soll!" Als nun das Eisen geschmiedet und aufgelegt werden sollte, sprang Peterchen dem Pferd auf den Hals und sagte ihm etwas ganz leise ins Ohr. Zu gleicher Zeit

steckte es ihm aber eine Fliege ins Ohr und hielt es zu. Da vergaß das Pferd über dem Summen, daß es beschlagen wurde, schüttelte den Kopf, nickte und alle Leute sagten: „Seht, das Pferd hat ihn verstanden!" Denn sie glaubten, wenn es den Kopf schüttle, so sage es „nein" und, wenn es nicke, so sage es „ja"; der Meister aber eilte sich, schlug das Eisen an und sagte zu den Leuten, die verwundert herumstanden: „Ja, ja, das Peterchen kann mehr als Brot essen!"

Ein andermal brachte man einen Esel, dem sollte auch ein Eisen angeschlagen werden. Da lief Springpeterchen herbei und sprach: „Meister, ich will ihm erst ins Ohr sagen, daß er still steht!" — „Das ist nicht nötig!" meinte der Meister. „Der steht schon von selbst still!" — „So?" antwortete Peterchen. „Gebt einmal acht, ich will ihm jetzt sagen, daß er nicht still stehen soll, und ihr könnt ihn mit aller Kraft nicht halten!" — „Das möchte ich doch einmal sehen!" dachte der Schmied und stemmte die Arme in die Seite; da tat Springpeterchen, als wolle er dem Esel etwas ins Ohr sagen, warf ihm aber zu gleicher Zeit eine glühende Kohle hinein. Da wurde das Tier ganz toll, schlug den Schmied zu Boden, riß sich los und lief davon.

Der Schmied stand auf und sagte: „Peter, du hast bei mir ausgelernt; denn du kannst mehr als dein Meister; mach' dich auf und geh' in die Fremde!" Da schnürte Peterchen sein Bündel, nahm Abschied von dem Schmied und ging in die weite Welt.

Nach kurzer Wanderschaft kam er zu einem Berg; an dessen Fuß breitete sich ein großes Meer aus und viele Schiffe liefen dort in den Hafen ein; andere machten sich bereit, wieder fortzufahren. Da stieg er hinab, mischte sich unter das Volk und blieb endlich vor einem großen Schiff stehen, das eben in See stechen sollte. Die Leute trugen aber noch lange Balken und schwere Steine hinein.

„Wozu soll denn das dienen?“ fragte er einen — das war der Schiffsherr. „Das ist Ballast!“ erklärte der Mann. „Ballast, was ist denn das?“ fragte Pêterchen. „Je nun!“ sagte der Mann. „Weil unser Schiff so zu leicht wäre, legen wir allerlei schwere Sachen hinein, damit es hübsch im Gleichgewicht bleibt!“

Endlich war das gehörige Gewicht im Schiff und man wollte die Anker lichten; Peterchen aber sagte: „Dem Ballast fehlt noch etwas an Gewicht, so schwer ungefähr, als ich bin; wenn ich euch raten soll, so nehmt mich auf euer Schiff; sonst wird's euch nicht gut ergehen!“

Da lachte der Schiffsherr und sprach: „Ja, Bürschchen, komm nur, dich kann ich brauchen!“ Gleich darauf lichtete das Schiff die Anker und segelte ab. Springpeterchen aber kletterte an der Strickleiter hinauf und setzte sich in den Mastkorb. „Da will ich wohnen!“ meinte er. „Da bin ich in

meinem Element!“ Dort saß er am Tag und sah hinaus aufs weite Meer, woher der Wind komme und die Seevögel; am Abend aber stieg er herunter und aß mit dem Schiffsherrn und vertrieb ihm die Zeit mit allerlei lustigen Geschichten und Späßen.

Das Schiff kam bald in einem fremden Lande an; dort hielt sich der Schiffsherr eine Zeit lang auf und kaufte allerlei wertvolle Waren wohlfeil ein; denn die Leute wußten die Kostbarkeiten ihrer Heimat nicht zu schätzen.

Eines Tags aber war Peterchen auch ans Land gegangen; doch als er am Abend heimkehren wollte, verirrte er sich in einem großen Kornfeld; das wollte gar kein Ende nehmen. Da half ihm seine Gelenkigkeit nichts; wenn er auch in die Höhe sprang, so konnte er doch nicht über die Halme hinaussehen.

Darüber ward es Nacht und er mußte die Hoffnung aufgeben, heute noch auf das Schiff zu kommen. Er brach einen Arm voll Korn ab, machte sich ein Lager und schlief die Nacht ganz ruhig; am andern Morgen ging er weiter und gelangte bald auf einen Weg, der ihn ans Meer führte. Als er aber dorthin kam, war das Schiff verschwunden, und wen er auch danach frug, der konnte ihm keine Nachricht geben.

Da dachte er: „Je nun, dann mußt du eben hier bleiben! Wenn's ganz fehlt, so kannst du doch mehr als Brot essen und damit wirst du dich schon durchbringen!"

Darauf ging er der Stadt zu und kam bald an eine Bude, in der verkaufte man frische Würste und Weißbrot, und da er seit gestern nichts gegessen hatte, fing der Hunger an, ihn unwiderstehlich zu plagen. Er trat darum vor die Bude und sprach zu dem Mann: „Hört einmal! Wollt ihr für ein Frühstück von mir lernen, wie ihr es machen müßt, daß euch die Würste nicht verderben und das Brot nicht trocken wird?“ — „Ja

freilich!“ erwiderte der Mann. „Komm her und sag's ganz leise, daß es mein Nachbar nicht hört!“

Da ging Peterchen zu ihm hin und sagte ganz leise: „Ihr müßt eure Würste verkaufen, ehe sie schlecht sind, und euer Brot, ehe es trocken wird — so kann euch nichts verderben!“ Da sprach der Mann: „Hör', Kerlchen, du bist ein Schelm und, weil du mehr kannst als Brot essen, so will ich dir auch noch etwas dazu geben!“ Da gab er ihm ein großes Stück frisches Brot und eine Wurst. Das ließ sich Peterchen trefflich schmecken, dankte dem Mann und ging weiter.

Darauf kam er an das königliche Schloß, aus dem eben der König mit großem Gefolge herausritt. Da kletterte Peterchen schnell auf eine Säule und stellte sich darauf, um alles recht gut sehen zu können. Auf diese Säule aber wollte der König das aus Stein gehauene Bild seines Leibzwergs setzen lassen, der vor kurzem gestorben war.

Als nun der König daherritt, sah er schon von weitem nach der Säule und wunderte sich, daß das Bild bereits fertig sei; wie er jedoch ganz nahe

kam, zog Springpeterchen sein Käpplein vom Kopf und verneigte sich gerade so, wie der Zwerg getan hatte. Da wurde der König aufs höchste erstaunt und glaubte, der Künstler hätte ein Wunderwerk vollbracht oder der Zwerg sei wieder lebendig geworden. Er winkte Peterchen mit der Hand zu sich.

Da rutschte dieser flink an der Säule herab und sprach zum König: „Was befiehlt Eure Hoheit?“ — „Wer bist du?“ fragte ihn der König.

„Ich bin ein Mensch,“ sagte Peterchen, „der den Leuten die Wahrheit umsonst sagt und keinen Dank dafür verlangt; übrigens heiß' ich Peter!“ — „Dich kann ich brauchen!“ sprach der König.

Dann ließ er den Schneider rufen und Peter ein neues Kleid anmessen; darüber freute der sich ungemein, und wenn der König ausritt, so mußte er auf einem kleinen Pferd neben ihm reiten.

Peter ging aber einmal mit dem König spazieren; da saß am Weg ein alter Bettler mit einem Bein, der klagte, er hätte in des Königs Dienst das andere verloren. Dessen erbarmte sich der König und gab ihm ein sehr reichliches Almosen.

Als sie weiter gegangen waren, zupfte Peterchen den König am Rock und sprach: „Herr König, ich habe euch eine Wahrheit zu sagen!“ — „So!“ lachte der König. „Laß hören!“ — „Nun, so wißt denn,“ meinte Peter, „daß ihr ein großer Narr seid!“ — „Was sagst du, Kerlchen? Ich sei ein Narr?“ — „Ja!“ sprach Peter. „Das seid ihr, weil ihr dem Bettler da geglaubt habt! Meint ihr denn, der Bursche hätte wirklich nur ein Bein, wie er sagt? Der hat so gut zwei als ich und holt euch noch einen Hasen, wenn ihr ihn laufen laßt!“ — „Aber Peter!“ rief der König. „Wie ist das möglich? Ich habe es doch selbst gesehen!“ — „Nun, ihr sollt jetzt das Gegenteil davon sehen!“ sprach Peter. „Kommt nur mit, stellt euch da hinter den Busch und paßt auf, was vorgeht!“

Darauf ging Peter zu dem Bettler und sprach: „Der König hat gefunden, daß das Almosen, das er euch gegeben hat, doch zu gering sei; ihr sollt darum zu ihm kommen, er will euch weit besser versorgen!“ — „Lieber Sohn!“ sprach der Bettler. „Das kann ich nicht; denn sieh', ich habe nur ein Bein!“ — „Ei nun!“ sagte Peter. „So will ich euch helfen; wenn wir unsere drei Beine zusammen nehmen, wollen wir schon zum König kommen!“

„Ja, lieber Sohn!“ sprach der Bettler. „Dazu bist du doch zu schwach; sag' dem König, meinem Herrn, ich ließe ihm für seine Güte danken; er hätte mich schon reichlich genug belohnt!“ — „Das geht nicht!“ antwortete Peter. „Ihr müßt unbedingt zum König; er wird euch noch einen viel besseren Lohn geben; wartet nur ein wenig; ich will des Königs Türsteher rufen, wißt ihr, den mit dem Stock; der ist stark genug, um euch zum König zu führen!“

Damit tat er, als ob er fortlaufen wollte; er hatte aber kaum dem Bettler den Rücken gekehrt, als dieser rasch sein zweites Bein hervorzog, das er in die Erde gegraben hatte, und, so schnell er konnte, davonlief. Da merkte der König, daß Peter recht gehabt hatte, und gewann ihn täglich lieber.

Nach einiger Zeit brach ein Krieg aus, und der König schickte ein großes Heer ins Feld. Die Soldaten fochten glücklich und besiegten die Feinde. Den Boten, der die Nachricht brachte, überhäufte der König mit Geschenken und entließ ihn in Gnaden.

Da dachte Peter: „Wenn der Mann die Wahrheit geredet hat, so hat er diesen Dank verdient! Ich will doch sehen, ob ich nicht dem König auch eine Nachricht bringen kann; vielleicht belohnt er mich auch!“ Er sagte im Geheimen zum Boten: „Wart' ein wenig!“

Dann lief er schnell in den Taubenschlag, nahm eine Taube von ihren Eiern, brachte sie dem Boten und sprach: „Wenn das Heer wieder siegt, so binde der Taube ein rotes Bändchen um den Hals und laß sie fliegen! Wird es aber geschlagen, so binde ihr ein schwarzes um!“

Da nahm der Bote die Taube und ritt eilig zum Heer zurück. Nach ein paar Tagen ward es geschlagen. Nun nahm er ein schwarzes Bändchen, wand es der Taube um den Hals und ließ sie fliegen.

Sie flog in einem halben Tag nach Haus, obwohl der Bote acht Tage zu der Reise gebraucht hatte. Als die Taube mit dem schwarzen Bändchen ankam, ging Peter sofort zum König und sprach: „Herr König, ich hab' euch eine Wahrheit zu sagen und verlange keinen Lohn dafür!“ — „Und was ist denn das?“ fragte der König. „Ich habe euch zu melden, daß heute Morgen euer Kriegsheer geschlagen worden ist; das Nähere werdet ihr bald erfahren!“ — „Wenn das wahr ist“, sagte der König, „so laß ich dich peitschen!“ — „So?“ sagte Peterchen. „Ist das mein Lohn, daß ich die Wahrheit gesagt habe? In Zukunft werde ich wohl die Wahrheit schonen müssen?“ Da lachte der König; denn er hatte das Ganze für einen Scherz gehalten.

Nach acht Tagen aber kam ein Bote, der meldete, daß an jenem Morgen das Heer sich etwas zurückgezogen hätte. Da merkte der König, daß Peter Recht gehabt, obgleich er nicht begriff, wie er es hatte wissen können. Er ließ ihm ein neues rotes Käppchen machen mit schönen silbernen Schellen, worüber Peter sehr zufrieden war.

Endlich starb der alte König und vermachte Peter ein kleines Häuschen mit allen Bequemlichkeiten. Dort lebte er noch lange und erfreute alle, die ihn sahen, durch sein munteres, lustiges Wesen.

Als er aber seinen Tod nahen fühlte, vermachte er seine Kappe dem jungen König und ließ ihm sagen, er möge sie dem Würdigsten geben. Doch es wollte sich kein zweites Peterchen mehr finden.

Da ließ der junge König Peter in Stein aushauen und setzte ihm die Kappe auf und wer ihn sah, der mußte über ihn lachen, obwohl er nur von Stein war.

Die Geschichte von dem Raben und den Tauben.

Es waren einmal auf einem Hühnerhof ein paar weiße Tauben, die waren gar fromm und zahm; sie fraßen den Kindern aus der Hand und lebten mit allen Tieren in Freundschaft. Selbst der alte Hofhund Packan, der sonst ein mürrischer Kerl war, sah ihnen ruhig zu, wenn sie um ihn herumliefen und die Haferkörner aus dem Stroh lasen, auf dem er schlief. Des Hausherrn Töchterchen fütterte sie am Fenster, vor dem ein breites Brett war; dort warf sie ihnen morgens und abends Gerste hin und Wicken. Am Nachmittag aber flogen sie auf einen Acker, der dicht neben dem Hof lag, und pickten dort allerlei Gewürme und Samen auf; weiter entfernten sie sich nicht.

Wie sie einmal auf dem frischgepflügten Acker herumtänzelten, kam ein Rabe dahergeflogen und setzte sich zu ihnen. Der hatte die Tauben schon längst um ihr stilles, ruhiges Leben beneidet und hätte es gar zu gerne auch so gut gehabt. Darum sprach er zu ihnen: „Hört, ihr Tauben, wollt ihr mich nicht als euren Freund annehmen? Ich will euch gefällig und dienstfertig sein in allem und ihr sollt nicht über mich zu klagen haben!“

Da erwiderten die Tauben: „Ja, das wollen wir wohl tun; aber ob dich unsere Herrschaft auf dem Hof leiden wird, das ist eine andere Frage! Sie werden dir’s gleich ansehen, daß du ein wilder Vogel bist!“ — „O, laßt mich nur machen!“ sprach er. „Ich gebe mich für eine Taube aus und eine schwarze Taube unter zwei weißen, das paßt sehr gut!“ — „Nun, wir haben nichts dagegen!“ sagten die Tauben. „Du kannst mit uns kommen; aber vorher mußt du uns einiges versprechen!“ — „Fordert von mir, was ihr wollt!“ sagte der Rabe. „Nur nicht, daß ich meine Flügel soll beschneiden lassen oder den Schnabel zubinden; sonst will ich alles tun!“ — „Das verlangen wir nicht!“ antworteten die Tauben. „Wir fordern etwas anderes; erstens seid ihr Raben schmutzige Gesellen und freßt alles, was euch vorkommt; das mußt du dir hier abgewöhnen; du darfst nichts fressen, als was man dir gibt, und auf dem Acker allenfalls ein paar zarte Würmchen und Samenkörner; aber schmutzige Dinge oder gar Aas darfst du nicht mehr anrühren; sonst wird dich unsere Herrin gleich am Geruch erkennen! Dann seid ihr Raben gar diebisch und stehlt, wo ihr könnt; das darf hier durchaus nicht vorkommen; du begnügst dich blos mit dem, was du bekommst! Und drittens verlangen wir, daß du dir deinen garstigen Bart am Schnabel wegmachen läßt, damit du ein feineres Ansehen bekommst!“ — „Das verspreche ich alles!“ sagte der Rabe. „Nur meinen Bart möchte ich gerne behalten!“ — „Das tun wir aber nicht anders!“ sprachen die Tauben. „Wir bestellen eine Maus, die soll dich rasieren!“ Da gab sich der Rabe darein und die Tauben riefen ihrer Freundin, der Maus; die rasierte ihm die Borsten weg, daß er ganz anders aussah. Der Rabe hätte gern die Maus angepackt, als sie so an seinem Schnabel saß; aber er traute sich nicht, seine neuen Freundinnen zu beleidigen.

Darauf flogen sie miteinander zu dem Hof. Da sprach des Hausherrn Töchterchen zu ihrem Vater: „Ei, sieh doch, Vater, da ist eine ganz schwarze Taube unter unseren weißen, wo mag die hergekommen sein?“ — „Das ist keine Taube,“ sagte der Vater, „das ist ein Rabe!“ — „Aber er ist doch so freundlich mit den Tauben!“ meinte sie. „Und sieh’ einmal, er hat gar keinen Bart, wie sonst die Raben haben!" Darüber verwunderte sich auch der Vater. Der Rabe aber, der das gehört hatte, gab sich nun große Mühe, in allem als eine Taube zu erscheinen. Als er sah, daß die Tauben, wenn sie miteinander redeten, den Kropf aufbliesen und sich tief bückten, wollte er es auch so machen, verbeugte sich tief und hielt den Atem an; auf einmal aber machte sich seine Stimme Luft und er krächzte, daß die Tauben erschrocken aufflogen.

Um ihren neuen Freund jedoch nicht in Verlegenheit zu bringen, setzten sie sich wieder zu ihm hin und baten ihn, seine ungeschickten Höflichkeiten zu unterlassen. Darauf streute ihnen das Mädchen Futter ans Fenster; es war dem Raben aber dort gar unheimlich, sodaß er froh war, als die Tauben wieder wegflogen.

Nach und nach indessen gewöhnte er sich an die neue Lebensart und ließ sich von dem Mädchen streicheln wie die Tauben und schien gar sittsam und bescheiden. Als er aber eines Tags auf der Mauer saß, sah er auf dem Boden einen toten Maulwurf liegen. Da konnte er sich nicht enthalten, von dessen Fleisch zu kosten. „Ich habe nun die ewigen mehligen Speisen satt!" sagte er. „Ein Stückchen Fleisch wird wohl nichts schaden!" Er flog herab und packte den Maulwurf.

„Was soll denn das sein?" rief ihm auf einmal eine Taube zu. „Hast du schon vergessen, was du versprochen hast? Geschwind hör' auf oder wir jagen dich fort!" Da ließ er den Maulwurf liegen und flog wieder auf die Mauer; in seinem Herzen aber verwünschte er die strengen Tauben, die ihm gar nichts hingehen ließen. „Ich muß mich auf andere Art entschädigen", sagte er, „aber ich muß es klüger anfangen!"

Da sah er eines Tags, wie die Hausfrau frischen Käse machte; als der Käse so auf dem Brett lag, kam er ihm gar appetitlich vor. „Davon muß ich meinen Teil haben!" dachte er. Er ließ sich aber nichts merken, sondern flog mit den Tauben auf den Acker und suchte Würmer; auf einmal aber log er, er habe etwas vergessen. Er flog nun schnell an das Fenster zu dem Käse und ließ sich's wohl schmecken. Als er satt war, flog er wieder fort.

Wie nun die Hausfrau nach ihren Käsen sah, merkte sie, daß ein Tier davon gefressen hatte. „Die Tauben können das doch nicht getan haben," dachte sie, „die sind so genügsam mit ihrem Futter und haben mir noch nie etwas gestohlen. Das muß die Katze gewesen sein!" Die arme Katze hörte, was die Hausfrau sagte, und kam miauend hervor, um ihre Unschuld zu bezeugen; aber die Hausfrau ergriff einen Besen und wollte sie züchtigen; da machte sie sich davon.

An einem andern Tag, als die Tauben mit dem Raben am Fenster saßen und von dem Mädchen gefüttert wurden, sah er auf dem Tisch etwas Glänzendes liegen; das war ein goldener Ring, der dem Herrn gehörte. Der gefiel ihm und er dachte: „Den muß ich haben!" Als sie alle drei wieder auf dem Acker waren, machte er sich heimlich fort und flog vor das Fenster, und da es offen war und niemand im Zimmer war, ging er hinein, packte den Ring mit dem Schnabel und entwischte schnell in eine Ecke des Hofes. Da versuchte er den Ring zu verschlingen; weil er das aber nicht konnte, so verscharrte er ihn in den Sand. Es hatte ihn dabei niemand gesehen als die Katze in der Scheune.

Kurz darauf kam der Herr in die Stube und wollte seinen Ring holen. Als er ihn aber nicht fand, fragte er die Frau und die Tochter; doch die wußten auch nichts davon. „Den kann die Katze nicht gefressen haben!" sprachen sie. „Das ist doch unerhört! Sie hat zwar schon manches weggemaust; aber Ringe hat sie doch noch nicht gestohlen!" Da kam die Katze hervor und lief an die Türe, als ob sie sagen wollte, sie sollten mit ihr gehen. Der Hausherr besann sich indessen und sprach: „Gebt Acht, ob nicht die schwarze Taube, die doch nichts als ein verkappter Rabe ist, den Ring geholt hat?" Die Katze aber miaute immer stärker, sodaß ihr endlich der Hausherr die Türe aufmachte; da lief sie ein paar Schritte fort und sah sich um, daß man ihr folgen sollte.

Nun gingen ihr der Herr, die Frau und das Töchterchen nach, voll Verwunderung, wo sie die Katze hinführen würde. Sie lief aber über den Hof in eine Ecke; dort kratzte sie im Sand und scharrte den Ring heraus. So entdeckte man, daß der Rabe der Dieb gewesen sein mußte. „Wart'! Du sollst deine Strafe haben!" sprach der Hausherr. Als am andern Tage sein Töchterchen die Tauben wieder fütterte, ließ er ein Becken mit glühenden Kohlen auf den Tisch stellen. Wie diese der Rabe sah, meinte er für sich: „Davon muß ich auch meinen Teil haben!" Darauf flog er mit den Tauben auf den Acker und sprach dort: „Ich habe etwas vergessen!" Dann flog er vor das Fenster und, weil niemand in der Stube war, ging er hinein, packte eine Kohle und verschlang sie im Augenblick. Die Kohle aber verbrannte ihm den Hals, sodaß er das Fenster nicht mehr erreichen konnte. Da fiel er zu Boden und starb eines elenden Todes.

Der Hausherr jedoch, der hinter der Türe stand und alles gesehen hatte, warf ihn auf die Wiese und sprach: „Der Dieb kann seine Natur nicht verleugnen, und wenn er äußerlich noch so sittsam ist!" Aber die Tauben, denen die Katze die ganze Geschichte erzählte, hüteten sich seitdem vor den Raben und haben keine Freundschaft mehr mit ihnen geschlossen.

Nählädchen.

Es war einmal ein Mädchen, das hieß Nählädchen und war berühmt im ganzen Land wegen seinem schönen Nähen; kein Mädchen auf zehn Meilen Entfernung konnte so feine Stiche machen und mit Nadel und Faden so schöne Bilder darstellen als die berühmte Näherin.

Nählädchen aber wußte auch, wie schön es nähte, und wenn sie am Sonntag ihr schneeweißes Schürzchen aus der Kiste nahm und damit im Dorf herumging, so war sie nicht wenig stolz darauf, daß die Leute stehen blieben und zu einander sagten: „Ach, seht doch, wie reizend die Schürze gestickt ist! Das ist eine Meisterin im ganzen Land!“

Auch die Königin hörte von Nählädchens großer Geschicklichkeit und ließ es zu sich rufen. Da gab sie ihm ein großes Stück feine Leinwand und sprach: „Das Stück Linnen säume mir und ziere es, so gut du kannst; wenn es so wird, wie ich wünsche, sollst du gut dafür belohnt werden!“ Nählädchen nahm das Linnen und ging damit heim, fing an, es zu säumen, und nähte allerlei Figuren darauf, Rosen und Vergißmeinnicht, Pomeranzenbäume und Granatäpfel und arbeitete so emsig, daß es in ein paar Tagen fertig war. Dann setzte sie ihr Häubchen auf, zog das gefaltete Schürzchen an und ging zur Königin.

Diese war sehr erstaunt über die Kunst des Mädchens. „Hätte ich doch nimmer geglaubt," sprach sie, „daß du so was Schönes machen könntest! Komm, jetzt will ich dir auch deinen Lohn geben!" Da schloß sie einen Schrank auf und nahm daraus ein Häubchen mit goldenen Bändern; das setzte sie Nählädchen auf und legte ihr eine Schnur schöner Granaten, woran ein Goldstück war, um den Hals; dann zog sie ihr ein seidenes Kleid an, gab ihr ein paar rote Strümpfe und rote Schuhe und, als sie so geputzt war, führte sie Nählädchen vor einen großen Spiegel, der ging vom Fußboden

bis zur Decke, und sprach: „Jetzt besieh dich einmal!“ Nählädchen konnte sich nicht satt sehen. Sie drehte sich rechts und links und schüttelte den Kopf, daß die Bänder flatterten, und hob den Fuß in die Höhe, um auch die roten Strümpfe und Schuhe recht zu sehen. Dann bedankte sie sich bei der Königin und, nachdem sie einen Knix gemacht hatte, ging sie heim. Von der Zeit an war Nählädchen ganz stolz und wenn ihre Gespielinnen sie grüßten, so nickte sie kaum mit dem Kopf und ging rasch an ihnen vorüber. Sie saß aber meistens zuhause und nähte an einer Leinwand; die sollte noch viel schöner werden als die vorige.

Nählädchen hatte eine Großmutter, die war sehr alt und fast blind; sie saß hinter dem Ofen und erzählte allerlei alte Geschichten — darunter manchmal auch von einer wunderbaren Frau, die eine Fee war und auf einem Berg wohnte. „Dort“ sprach sie, „hat sie ein Haus, und wenn sie daheim ist, so näht sie wie du, aber noch viel, viel schöner. Da ist kein Baum im Feld, kein Vogel im Wald, da ist kein Fisch im Wasser, den sie nicht schon wunderbar abgebildet hätte. Ja, so getreu weiß sie alles nachzusticken, daß man meinen sollte, es lebe und könne sich bewegen!“

Wenn die Großmutter so erzählte, legte Nählädchen ihre Nadel bei Seite und saß in tiefen Gedanken. „Das wird wohl auch nicht so arg sein!“ sprach sie endlich. „Ich möchte es nur einmal sehen und wollte es dann schon ebenso schön machen, wenn nicht besser!“

„Liebes Kind!“ sagte die Großmutter. „Bedenk’, was du sprichst! Einer Fee kannst du es unmöglich gleich tun und wenn du noch zehnmal geschickter wärst, als du jetzt bist! Nimm dich in acht, daß sie es nicht erfährt! Denn sie hat gar feine Ohren und hört einem zu, wenn man sie auch nicht sieht. Ich sage dir, vergleiche dich nicht mit der Bergfee!“

Darauf erzählte die Alte gewöhnlich, wie mächtig die Fee sei im Guten wie im Bösen und wie sie schon oft die Bescheidenen herrlich belohnt und die Hochmütigen bestraft habe. Nählädchen aber hörte davon nichts, sondern träumte, wie sie sich mit der Bergfee in einen Wettstreit einlassen und sie überwinden wollte.

Eines Tags — es war ein schöner Sommermorgen — sprach die Großmutter: „Kind, ich will mich ein wenig hinter das Haus setzen, damit die Sonne meine alten Glieder wärme; bleib’ du indessen hier und sei fleißig!“ Darauf nahm sie ihren Stock und schlich mühsam hinaus. Nählädchen aber saß an seiner Arbeit und nähte emsig.

Da klopfte es an der Tür’ und herein trat eine alte Frau mit eis=

grauen Haaren. „Guten Tag, mein Kind!“ sprach sie; aber man verstand sie nicht recht; denn es waren ihr alle Zähne ausgefallen. „Guten Tag!“ sagte Nähläddchen. „Wollt ihr zu meiner Großmutter?“ — „Nein, Kind!“ erwiderte die Alte. „Ich will zu dir!“

Darauf setzte sie sich nieder und begann: „Ich habe so viel gehört von deiner Kunst und großen Geschicklichkeit im Nähen und möchte einmal etwas von deiner Arbeit sehen; da ich es in meiner Jugend auch weit darin gebracht habe, so könnte ich dir vielleicht manches sagen und helfen!“ — „Ich brauch’ euch nicht zum Nähen!“ antwortete Nähläddchen ganz kurz. „Was könnt ihr mit euren steifen Fingern und den blöden Augen machen?“ — „Ei, ei, Nähläddchen!“ erwiderte die Alte. „Sei nur nicht gar so stolz; ich meine es ja nur gut mit dir und, so dürr auch meine Finger sind und so blöd meine Augen, so solltest du doch einmal sehen, was ich kann, wenn ich will!“ — „O, ihr närrische Alte!“ lachte Nähläddchen. „Meint ihr, ich werde mich mit euch in einen Wettstreit einlassen? Ich will euch ein altes Hemd geben zum Flicken oder ein paar Strümpfe zum Stopfen; denn das sage ich euch: Ich messe mich mit niemand als mit der Bergfee selbst, die eine sehr gute Näherin sein soll, und doch hoffe ich, den Sieg über sie davon zu tragen!“

„Liebes Kind!“ sprach die Alte. „Ich bitte dich, vergleiche dich nicht mit der Fee! Man redet vielerlei von ihr, wie sie unsichtbar in den Häusern wandelt, wie sie Kinder, die sie gerne hat, stricken lehrt und nähen, ohne daß sie’s merken! Wer weiß, ob sie dir nicht unsichtbarer Weise geholfen hat bei deiner Arbeit, mit der du dir soviel Ruhm erworben hast bei der Königin! An deiner Stelle würde ich die Fee bitten, mich noch mehr zu lehren, und würde ihr dafür recht dankbar sein! Du solltest wahrlich mehr Ehrfurcht haben vor einem grauen Haupte, wie meines ist!“ — „Ihr seid eine alte Schwätzerin!“ sagte Nähläddchen. „Ich muß es doch am besten wissen, wer mich das Nähen gelehrt hat — ich selber und sonst niemand; ich sag’s euch noch einmal, die Fee soll nur kommen, dann will ich mit ihr um die Wette nähen! Aber mit eurer Weisheit verschont mich!“

Sie hätte es gern gehabt, wenn die Alte gegangen wäre; da sie es aber doch für ungezogen fand, sie einfach fortzuweisen, sagte sie: „Wenn ihr so geschickt seid, so laßt mich einmal was sehen von eurer Arbeit!“ — „Ich habe jetzt gerade nichts da!“ sprach die Alte. „Aber wenn du mir zusehen willst, so werde ich dir eine Probe davon geben!“

Dann griff sie in die Tasche und holte eine Zitrone hervor, schnitt sie entzwei und nahm daraus Nadel und Faden von verschiedenen Farben sowie einen Fingerhut; dann nahm sie eine andere Zitrone, schnitt sie auf wie die erste und zog daraus ein feines dünnes Gewebe; das war wie weißer Samt und so lang, daß es gar kein Ende nehmen wollte. Das befestigte sie an der Wand und fing dann an, zu nähen. Zuerst nähte sie einen großen Eich=

baum mit grünem Laub hinein. Auf seine Zweige hatten Vögel ihre Nester gebaut und unter ihm saß eine Herde Schafe, die auf einer üppigen Wiese weideten.

Die Wiese lag in einem Tal und vom Berg herab stürzte ein Wasserfall und ein Bach floß zwischen Erlenbäumen und Weiden dahin. In der Ferne sah man Leute, die mähten das Gras und Mädchen mit gelben Strohhüten trockneten es; die Knechte aber packten es auf einen hohen Wagen, mit vier Pferden bespannt. Ganz ferne ragte auf einem Berg eine stattliche Burg empor und jenseits des Berges ging die Sonne unter. Ihre Strahlen brachen noch einzeln durch das dichte Laub der Eiche.

Darauf fing sie ein neues Bild an; da waren Jäger und viele Hunde, die verfolgten Hirsche und Rehe. Man sah den schlauen Fuchs, wie er auf einen Baum kletterte, und das wachsame Kaninchen, wie es sich auf die Hinterbeine setzte. Auf einem dritten Bild sah man eine Kirche in einer Stadt und ein kleines Kind wurde hingetragen zur Taufe. Seine Schwester hielt es auf dem Arm und es war geschmückt mit blauen und roten Bändern und auf dem Häubchen hatte es einen silbernen Kranz; der Vater aber und die Verwandten der Mutter gingen ehrbar daneben, während der Küster an der Kirchentüre stand und einen großen Bund Schlüssel in der Hand hielt.

Das alles nähte sie kunstreich in natürlichen Farben, sodaß man meinte, man sehe die Sonne wirklich scheinen, höre die Vögel wirklich singen, schaue die Lämmer grasen und fühle das weiche Grün der Wiese. Zuletzt nähte sie rings herum einen Kranz von Rosen, Reben und Bärenklau und vollendete das Ganze in unbegreiflich kurzer Zeit.

Nählädchen hatte ihr zugesehen mit Augen voll Neid und Eifersucht. Als die Alte fertig war, sagte sie mit gezwungenem Lächeln: „Ja, meiner Treu', ich hätte nicht geglaubt, daß ihr so kunstreich nähen könntet; jetzt will ich es auch probieren, aber ich lasse mir nicht zusehen; geht darum ein wenig in die Kammer, ich bin gleich fertig!"

Darauf nahm sie geschwind das Gewebe, das die Alte gemacht hatte, und wollte es hinaustragen und ins Feuer werfen; wie sie aber an den Herd kam, stand die Alte schon da und riß ihr das Gewebe aus der Hand. „O du undankbares Kind!" sprach sie mit zornglühenden Augen und zugleich verwandelte sie sich in die königliche Erscheinung der Fee. „Sieh, ich war's, die dich unsichtbar unterwiesen hat; jetzt empfange deine Strafe!"

Da ward Nählädchen auf einmal ein Mütterchen mit eisgrauen Haaren,

und wenn sie sprach, so verstand man sie kaum; denn es fehlten ihr fast alle Zähne. Ihre Geschicklichkeit aber hatte sie ganz vergessen und war froh, wenn sie mit grobem Zwirn ihre Hemden ausbessern konnte. Die Fee jedoch sprach: „Nun hast du den Lohn für deinen Undank! Wenn zwei Jahre verflossen sind, so werde ich dir wieder erscheinen. Finde ich dann, daß du dich wirklich gebessert hast, so will ich dir deine Jugend und Geschicklichkeit wieder schenken!“ Dann verschwand sie, um ein anderes Mädchen aufzusuchen, das dankbarer gegen sie wäre als Nählädchen.